U0113768

流金

古人的广告生活

岁月

由国庆　著

中国文史出版社

图书在版编目（CIP）数据

流金岁月：古人的广告生活 / 由国庆著 . —北京：
中国文史出版社，2023.8
ISBN 978-7-5205-4134-3

Ⅰ. ①流⋯　Ⅱ. ①由⋯　Ⅲ. ①广告—历史—中国
Ⅳ. ①F713.8-092

中国国家版本馆CIP数据核字（2023）第106093号

责任编辑：金　硕

出版发行：**中国文史出版社**

地　　址：北京市海淀区西八里庄路69号　　邮编：100142

电　　话：010-81136606 / 6602 / 6603 / 6642（发行部）

传　　真：010-81136655

印　　装：廊坊市海涛印刷有限公司

经　　销：全国新华书店

开　　本：787mm×1092mm　1/16

印　　张：17.5

字　　数：210千字

版　　次：2024年1月北京第1版

印　　次：2024年1月第1次印刷

定　　价：68.00元

民俗与广告的火焰聚集

近年来，我手头上一下子积累了学者由国庆撰写的多本专著，它们以不胜枚举的老广告当载体，以多姿多彩的商业民俗为核心，不但极富可读性，而且充满着作者对社会史、生活史以及收藏文化的诸多成果。

说起中国的商业发展，确是一个非常有趣和值得探讨的话题。比如说，历史上，中国被认为是典型的传统农耕社会，可是城镇市面之繁华，商业之发达，世界上没有哪一个国家有资格与中国相提并论。而传统商业的丰富多彩，又使得相关民俗万象森罗；显然，这是由于不同消费群体对商业的不同兴趣、对广告不同的观赏角度和价值取向形成的。

商业广告的出现，对于人类社会来说历史很悠久；也可以说，人类社会自从有了商品交换的那一天起，广告就出现了，并且渐渐形成了市井中的民俗。

广告最原始的形式，恐怕要数口头叫卖了。伴随着市场上商品的丰富多彩和商业服务范围的扩大，音响广告出现了，像江湖郎中的串铃，粘扇面的挎铃，卖炭的摇鼓，磨刀的喇叭或镰板，剃头的"唤头"……都是最原始的音响广告。其次便是实物广告，商家把所发售的商品或商品中具有代表性的一部分，悬挂、陈列于门前或橱窗内，用以宣传。从前，商店门脸前的房檐底下，悬

001

挂着各式各样的幌子，就是由实物广告演变而来的。明代，《西游记》的作者吴承恩曾在路过天津杨柳青时写了一首诗，开头两句便是"村旗夸酒莲花白，津鼓开帆杨柳青"。这里的"村旗"，指的就是酒家的旗帜性广告——酒旗。

印刷术发明之后，聪明的商家很快便将这项新技术应用于广告的文字和图形宣传，从此平面广告大量出现，传播范围也迅速扩大。如果说立体广告展示的是商品的魅力，那么平面广告代表的则是商品的呼唤。传统的平面广告多由木版印刷，19世纪石版印刷和照相制版技术传入中国并得到普及，从此各大商家的门票、包装纸、宣传画等，竞相采用适于批量生产的石印技术。后来，彩色石版印刷在中国出现，色彩艳丽，形象悦目，有着单色广告无法比拟的效果。从此，大到香烟日历广告招贴画，小到呢绒布匹的机头商标，茶叶袋、牙粉袋、染料袋等，纷纷采用彩色石印。平面广告突破了文字为主的形式，进入了一个以图像为主的新阶段。

说到这儿，我们不能不说说作为传媒广告排头兵的报刊广告。由于报纸广告在传播经济信息、树立产品和企业信誉，开拓市场、引导消费、扩大销售等方面有着强大的威力，以至引起了企业家的高度重视。比如，当年出版于中国北方最大的工商业和港口贸易城市天津的《大公报》，广告通常要占到报纸版面的一半以上。

一定有人会问，研究老广告，撰写相关文章，有什么现实意义吗？答案是肯定的。

众所周知，一切民族和地区的文化，毫无例外，都是穿越时空的长河，也都有一个积累过程，而且无时无刻不在积累之中。这种积累可以简单地分成两个部分，一部分是传统文化的保留，一部分是现代文化的递增。传统文化的保留是文化积累的基础，舍此，文化便会出现断层。不过我们也应看到，文化积累还表现为一个选择过程，这就是说，不是所有的传统文化，而是只有那些能够继续满足现代生活需要的传统文化，才有资格存留下来。因此，如何从这些书中选择和汲取至今仍然有用的传统商业民俗，便成了我们的一个新课题。

此外，广告在一定程度上会起到帮助消费者寻找商品信息和决定购买决策的作用，也会影响和引导消费者的态度、心情与思绪，甚至影响到消费者的购买行为。有着千百年历史的老广告中，有许多内容值得参考，我们可以通过类型比较的办法，借鉴其中至今还能发挥作用的东西，进而开启作为商品记忆的老广告在时间上和空间上的延续价值。如果作为消遣，我以为，欣赏欣赏这些早已被尘封的记忆，会产生说不尽的感慨，数不清的怀念，也许能给生活在市场经济大潮下的人们，提供一个靠近自己内心世界的空间。

由国庆在很长一段时间里把研究民俗与老广告当成一种责任，一种事业，不懈追求。仅此而论，实在是难能可贵。由此使我想到，一个人的一生，不应是一场速度赛跑，而应是一步一个脚印走过来的旅程。因为生命的价值，往往不是以数量、而是以质量来计算的。

我们可以选择多样的生活，但不能缺少成功的信念。我同意这样一种观点，即，如果把努力划分为十个等份的话，前面的九份都是在聚集火焰，只有最后一份才是释放光芒。

是为序。

著名历史学家　罗澍伟

目录

引言

1 形影相随的市俗与广告

天下熙熙，皆为利来，天下攘攘，皆为利往。

——《史记·货殖列传》

我们每个人在生活中都不可避免地要接触到商业，与生意人打交道。中国商业的历史悠久，从最原始的"日中为市"到现代的自由贸易模式，商人们的行为活动作为社会现象，好似一幅幅市井风俗画卷，流光溢彩。

在原始社会母系氏族的繁盛时期，社会分工已开始形成，随着社会生产力的提高，劳动生产中出现了剩余物品，人与人之间简单的交换行为逐渐出现，进而形成了有比较固定时间与地点的交易场地。古代经济广告因"市"而产生，而发展。在唐代以前，"市"的概念与今天所说的"市"的概念是不同的。古代的"市"大致有两种含义，一是指商品交易的专门场所，类似于现代意义上较为封闭的市场概念。许慎在《说文解字》中释："市，买卖之所也。"也就是做买卖要去的地方。第二，"市"又指在市场内进

炎帝神农，相传他不仅教人耕种，还聚天下货物教民贸易

行的买卖行为。《尔雅·释言》中"贸、贾，市也"的提法，说明货品的交易出售也称之为"市"。

"市"孕育了市俗的产生。为了使商品交换能够顺利进行，就需要将商品信息传递给购买者，传统意义上的商业宣传与广告行为正是市俗发展的产物。若从商代算起，中国商业广告至少有3500多年的历史了，社会广告则更早，如此丰厚的文化遗产在世界广告之林是足以自豪的。

谈及中国原始商业，"日中为市"是最为脍炙人口的细节之一。《易经·系辞》中记载：

> 包牺氏没，神农氏作，斫木为耜，揉木为耒，耒耨为利，以教天下，盖取诸《益》。日中为市，致天下之民，聚天下之货，交易而退，各得其所，盖取诸《噬嗑》。

所谓"日中为市"是说殷商时代或更早时的百姓（天下之民）携带着自己的产品或从他处交换而来的商品，在正午的时候从四面八方聚在一处，进行交易，各得其所。因为路途远近不一，交易后还要尽快返回（交易而退）。

当然，在这种原始的交易过程中，不存在或极少存在价格差上的争议，人们只是根据需要来完成交换。民俗学家乌丙安在《中国民俗学》中说："如果双方互相需要对方的物品，则按照互赠的方式交换，双方全然不理会物品之间的任何价值上的差别，只是根据需要。"

古人"因井设市"的习俗晚于"日中为市"而产生，大致在阶级和国家产生之后，是由个体生产者在村落内部进行的个人之间的交换形式，是小生产者的交易经常化而后产生的一种"市"的民俗行为。"因井设市"在《史记正义·平准书》中有所解释，大意为：城邑或村落里的居民每天一早都要到井边打水，此时顺便捎带上一些物品开展交易，方便彼此，天长日久形成交易场所。

"日中为市"和"因井设市"发展至后来被统治阶级所利用，他们在其居住地划出专门的区域，开设专门的市场，市场中出现各类店铺，这就是古老的"肆"。

"殷人重贾"素具传统。据史书记载，殷人的先祖之一——王亥就是一位大商人，他曾发明牛车，并驾着牛车在部落间做生意，其足迹远达千里之外的有易国（今河北易县一带）。王亥"仆牛"（即"服牛"，意驾驭牛车）经商的传说在我国商业史上有着重要的影响。

在先民们交易的过程中，自然少不了语言和手势上的交流、推荐与介绍，广告行为的产生也就不足为奇了。特别是口头广告，

汉画像砖再现了先民户外劳作的场景

汉画像砖中反映了古人商贸的情景，十分生动

以兽腿作为实物幌的广告形式（汉画像砖）

它不仅促进了交易的顺利完成，还为市场平添了热闹气息，具有浓郁的民俗色彩。

《楚辞·天问》中记："师望在肆，昌何识？鼓刀扬声，后何喜？"这里的"师望"即姜太公吕望，"昌"是周文王姬昌。传说，姜太公在没有被周文王启用前，曾在商都朝歌市肆的肉店中当伙计，他操起屠刀高声叫卖，以招揽生意。此乃中国古代叫卖、音响广告的较早记载。另外，商人已开始将玉和贝等作为货币使用了。

原始的交换习俗在《诗经·卫风·氓》中有"氓之蚩蚩，抱布贸丝"的记载。其大意是说，西周有一位满脸笑意的男子，抱着布来与人换丝。其实，男子怀中的布匹就是一种广告实物，与此同时也会通过口头介绍来完成交换活动。试想，你有丝，他有布，二人相见，默默无语，没广告意识或行为的发生，交换的完成或许是件难以想象的事情。再有，西周卖饴糖的小贩已学会"箫管备举"，吹奏发声招揽顾客了。

民间常用"挂羊头卖狗肉"来比喻表里不一、名不符实的人和事。该典故源自《晏子春秋》中春秋齐国晏子所说的话，它从另一个侧面折射出当时商家卖什么挂什么，以实物广告招揽生意的习俗。

夏朝以来，奴隶社会经历了第三次社会大分工，专门从事商品交换的人群逐渐分化出来，商人作为一种阶级，商业作为一种行业正式出现在社会生活中。史学家吴晗考证，周朝时一部分会

治水有功的夏禹

悬诸象魏的习俗在清代依旧存世

做买卖的商人是商朝（殷）的遗民。这些人集中在洛阳，当时被称作"顽民"，经常被召集训话，生活上也受到监视。他们没有土地，没有政治权利，他们被统治阶级奴役从事商品贩运生意，这便是所谓的"工商食官"。

统治阶级的"市"为相对封闭的交易市场，有市墙的严格限定和经营体制。至迟在西周时期形成的中国古代典型的市，其市制之严格一直沿袭至唐代。"阛阓之制"的限定与泥古，对唐代以前中国商业广告的发展起到了一定的局限作用。进入宋代，市场开放，市井繁盛，中国经济广告由此迈向大发展的时代。

② 关于"告白"与"广告"

中国经济广告的历史源远流长，古人一直将广告称为"告白"，直到19世纪末的时候，我们的文字中还没有出现"广告"一词。"广告"在中国是地地道道的外来语，源于拉丁文advert ere，可直译成"注意"或"诱导"。又有人说，"广告"一词拉丁文的原意是"大喊大叫"。传说，古罗马商人间的竞争十分激烈，于是他们常常雇用一些人在街头大喊大叫地招呼顾客前来购买商品，人们把这种行为称作"广告"。目前所知的世界上最早的文字广告是3000多年前古埃及人的一幅悬赏捉拿逃奴的羊皮纸广告。

古人习惯使用的"告白"二字在《现代汉语词典》中释为："（机关、团体或个人）对公众的声明或启事。" 虽然梁启超早在清光绪二十五年（1899年）的《清议报》上就率先使用了"广告"一词，但直到近几十年，"广告"才正式出现在现代汉语语汇中，被释为"一种宣传方式，通过报纸、招贴等介绍商品或文娱体育节目等"。关于"广告"的汉译，历史学家罗澍伟认为，大体上用的是"广譬曲谕"和"广而告之"的缩写，前者相当于公益性广告，后者相当于商业性广告。

第一次鸦片战争以来，西方的一些近现代广告形式迅速登陆中国，但在很长时间内，国人仍然不习惯使用"广告"一词，"告白"依旧遍知天下，其实谁都明白"告白"就是"广告"的意思。

同治十一年（1872年），上海《申报》创刊几天后即在头版刊出长篇的《招刊告白引》，宣传报纸广告的作用，认为"告白事事，俗之所不能免，而事事相关也"。这是我国早期报纸刊载的论述广告问题的一篇重要文章。登广告在当时叫作"买告白"。

19世纪、20世纪相交的时候，中西文化发生着最激烈的碰撞，中国社会格局、工商环境的震荡与变革是史无前例的。光绪三十二年（1906年）发布的《政治官报章程》中，"广告"大胆取代了"告白"一词，"广告"开始正式使用，很快与世界形成统一词汇。虽然如此，人们长期形成的语言习惯并非朝夕可改的事，在这一过渡期内，"广告"与"告白"在媒体和人们的言语中并存过一段时间。

商业的传播方式和行为方式是民俗文化中为人喜闻乐见的、内容丰富的篇章。细说起来，商业标识包括商标、店标及包装标志等，商业广告手段包括市声、招幌、字号取名、匾额、楹联、店内外装饰、印刷品广告、商品装潢、媒介广告等形式。与此同时，商业行为中的交易民俗、服务与待客民俗等诸多方面也影响着人们的消费生活。

广告作为社会经济发展的产物，在其进入历史以后，便成为一种见证，一种独特的人文。它是社会发展史、经济史、商业史、文化史、民俗史的重要组成部分，涉及社会学、民俗学、传播学、心理学及行为科学等诸多领域。由于中国封建社会长期推行"重农抑商"的政策，广告文化自然很难进入正史，这就需要我们在前人的方志、笔记、野史、诗词、绘画、小说中去挖掘、去寻珍。

第一章

招幌：中国制造

1 名目何其多

今天，让人眼花缭乱的广告一再塞满我们的生活，占据着城市的空间，令你无处逃遁。夹缝中，不知你是否留意过那依稀尚存的传统的广告形式——招幌？它恒久的生命让人感叹，使我们仿佛看到了岁月的旧影。

招幌是中国工商业及其他行业向社会宣传经营内容、特点、信誉等最古老的广告形式之一，是一种特定的行业标识和标榜手段。商周以来，随着剩余产品的不断增多，物品交换日趋活跃起来，在"日中为市"过程中出现了以促进交换为目的的初级的实物招幌和口头招徕，这当然是顺理成章的事。

招幌是"招牌"与"幌子"的复合式通称。招牌的雏形是坐商在店肆外所设的一种无字布帘，以后在帘上书写有店铺的字号名称，继而又用木牌取而代之，逐渐向牌匾、匾额的形式过渡，成为商家所拥有的专属的店铺标识，可谓最具价值的广告之一。

幌子在历代有着不同的称呼，如帜、表、望（望子）、帘、青帘、布帘、牌（招牌）、旗（招旗）、招、招子、招帜等。这些名目常以招幌的性质、功能、形态、看点等为基础，名出有据，各具特色。例如：

幌：本指帷帘。幌，最初的形制如酒家在店外所设的帷帘，进而引申称为酒幌子，后来又泛指各式招幌。唐代诗人陆龟蒙的

《和袭美初冬偶作》诗言："小炉低幌还遮掩，酒滴灰香似去年。"

帜：本指旗帜，《墨子·旗帜》中记："亭尉各为帜，竿长二丈五、帛长丈五、广半幅者大。"它又指酒旗，如《韩非子·外储说右上》中的"悬帜甚高"之说。古人也用"帜"字引申为标志、标识的意思。

旗：原指原始社会氏族画有熊虎图腾图样的标识，《周礼》中有"熊虎为旗"之说。后直接指意标志，或表明中心所在的位置。酒旗作为酒店的标志，在中国古代有着广泛的应用，风情万千。

帘：因酒旗的式样而称，一般特指酒家幌，唐人李中有诗言："闪闪酒帘招醉客，深深绿树隐啼莺。"蓝布所制酒旗，上面常缝绣有白色的"酒"字，俗称"青帘"。

招：呼引、逗引的意思，因幌子具有招揽的作用，进而称之为"招"。《水浒传》第二十六回中就说："那婆子取了招儿收拾了门户，从后头走过来。"所谓"市招"一般是指走街串巷的商贩随身携带的、流动性较强的招幌。

望：因为招幌悬挑在空中视觉效果突出，遥望可及，所以又称之为"望"或"望子"。宋人孟元老在《东京梦华录》中有"至午未间，家家无酒，拽下望子"的记载。

表：《晏子春秋·内篇·问上》中说，"人有沽酒者，为器甚洁清，置表甚长"，这里的"表"就是酒家所悬的旗幌。

民俗学家曲彦斌认为："举凡表、帜、旗、标、幌、帘、望、招、牌，以及以此为根素构成的有关称谓词，或就其标识性质而言，或兼而有之，均不失招幌之本。其中，尤以'招幌'这一用语比较明了、确切。"历代，幌子与招牌不断发展、成熟，呈现着丰富多彩的风貌，得到广泛的欢迎与应用，甚至成为商家或某一行业的标记，在经济民俗中显现着十分重要的作用。

☑ 招幌的流金岁月

中国招幌始见于何时，目前尚未见明确记载，不过《周礼·地官》中所说的"市之群吏，平肆、展成、奠贾，上旌于思次以令市"的事让人瞩目。文中的"展"意"整顿"，"成"意"平抑"，"奠"意"规定"，"贾"意"价格"，"思次"是指市场上管理者所在的亭子。这一记载是说西周时的市场管理者负责整顿市场、平抑物价，并将规定的商品价格写在幌旗上，高挂于市亭上，卖者遵照执行，买者心明眼亮。这种广告旗帜尚可称之为幌旗的形式。

中华酒文化的历史源远流长，早在春秋时代韩非子的《外储说右上》中就有"宋人有沽酒者，升概甚平，遇客甚谨，为酒甚美，悬帜甚高"的记载。这段精彩的文字将酒家介绍得头头是道，不仅描述了经营者讲究服务态度，美酒待客的细节，更重要的是，"悬帜甚高"确切表明了当时商家已知道采用高挂酒旗的手段来招揽生意了。悬帜、布挑广告在中国有着悠久的历史，街巷大小酒家林立，多姿多彩的酒旗、酒帘灵动飘逸，犹如酒文化历史长河中一道道绚丽的风景，让人流连。

与社会生活息息相关的集市贸易促进了商业店铺的形成与发展，《论语·子张篇》中"百工居肆，以成其事"的描述，其实就是一种前店后厂（作坊）的铺店形式。商人为招揽顾客，势必要采取各种广告宣传手段。南朝宋人范晔《后汉书·费长房传》载：

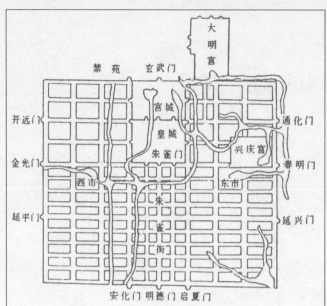

唐代长安城和东市、西市

宋代商业城市分布图

"市中有老翁卖药，悬一壶于肆头。"看来，卖药者以药葫芦为幌在汉代就大有人在了。

隋唐之时，社会商品经济有了更长足的进步，肆、店、铺、行等相继出现，大为风光，商业文化也日趋丰富。唐都长安东西市内有"二百二十行，四面立邸，四方珍奇，皆所积集。"在活跃的经营活动中，为来往商客、游人提供餐饮服务的酒肆、茶肆的生意非常火爆，为了利于竞争，商人们纷纷设置酒旗幌帜，广招天下客。张籍在《江南行》中就有诗言："长干午日沽春酒，高高酒旗悬江口。"同时，刘禹锡也曾吟出"城外春风吹酒旗"的精妙诗句。杜牧有感于江南如画的美景中飘动的酒旗，以诗抒怀道："千里莺啼绿映红，水村山郭酒旗风。"

据《太平广记》中的"李客"条说，唐代成都有一个李姓人，常常披着蓑衣戴着斗笠，携着布袋子，走街串巷卖鼠药，此人持有一独特的模型幌——木制老鼠，非常引人瞩目。

至宋代，中国城乡得以真正的繁荣，当时，10万人以上的城市就有40余个，其中有的已超过了百万人之多。据有关专家推算，北宋国都开封的人口达150万左右，马可·波罗所称的"世界上最繁盛和最伟大的"杭州城人口也有120万之多。商品经济的进步致使旧的经济制度已成为自由贸易发展的阻碍之一。宋时，逐渐取消了前朝遗留下来的由官府办市的体制，商人们根据需要自由发展。繁华市井中的悬帜、商幌得以更广泛地使用，正如欧阳修所言，"西风酒旗市，细雨菊花天。"洪迈在《容斋随笔·酒肆旗望》中的记述更为详细：

今都城与郡县酒务，及凡鬻酒之肆，皆揭大帘于外，以青白布数幅为之。微者，随其高卑小大，村店或挂瓶瓢、标帛杆。唐人多咏于诗。然其制，盖自古以然矣。

就在同一时期，由悬帜幌发展而来的各类招牌广告形式已遍及各地，不少商号拥有了自己独特的招牌，形式各异，向顾客表明了商店的字号、信誉和行业性质。如药材店挂葫芦幌牌，酒家在幌旗上画李太白像等，颇富寓意。宋话本《宋四公大闹禁魂张》中记有汴河岸上的一家馒头店，"门前一个妇女，玉井栏手巾勒着腰，叫道：'客长，吃馒头点心去。'"这家馒头店门前的招牌上还写着"本行侯家，上等馒头点心"的广告语，招揽市人。

宋代曾以绘画选拔进士。相传，有一次考试以"竹锁桥边卖酒家"为题，许多考生或绘酒坛罗列，或画开怀畅饮的情节予以表现，皆未中选。唯一位考生独树一帜，画中描绘了茂密竹林中伸出一面酒帘招揽着路人，酒家虽深藏（锁）于竹林中，但酒幌分明暗示了店家的存在，因此颇得考官欣赏而得中。由此可见幌子在商业民俗中所起到的重要标识作用。

在山西繁峙岩上寺大殿的壁画上绘有一处酒楼，高挑的酒旗中写有"野花攒地出，村酒透瓶香"的精彩广告语。此壁画是南宋乾道三年（1167年）的作品。

宋代的浴室在门前挂壶当幌子，吴曾在《能改斋漫录》中有"今所在浴处，必挂壶于门"的记载。这一习俗据传源于周朝，当时的军人安营扎寨后在附近打井，井成后在旁高挑起一把水壶，让大家一望便知。

宋画《眼药酸图页》中有一位头戴高冠、穿大袖长袍的卖药人，他身前身后挂着许多成串的眼球模型，帽子左右也各嵌一眼球模型，帽子前又挑着同样的饰物，所挎的布袋上再绘以更大的眼睛，既风趣又惹人。原来此人是专卖眼药的，他以眼的模型作幌子起到了很好的广告促销作用。另外，宋代的一些药铺同样喜欢在幌子上绘眼形，以示出售眼药。

元代做蒸面食的铺子在门前立一高竿，悬挂花式馒头做幌子。另据《析津志》说，元时剃头铺的幌牌上"以彩色画牙齿为记"。这有趣的例子说明，当时的剃头匠或许还有兼职牙医的职能。再有，专治胎前产前病症的稳生婆家的幌子是用竹篾条编的一双大鞋，并糊着红纸。助产收生婆家则在门前挂系着红布穗的草圈为幌。兽医以木板所制的壶形作幌子，尺寸很大，专门为家畜灌药的人在门前的幌牌上画一匹马为记号，旁人一望便知。

明代著名画作《金陵繁盛图》所描绘的满目盛景中，五光十色的招幌格外醒目，药铺、茶庄、酒家、帽庄、米局所悬挂的幌

王麻子刀剪铺的外观呈现着北京老字号的风范

清末的南京老街，招牌林立，熙熙攘攘

子有单字的、双字的、四字的、六字的几种不同形式，商家一般在旗帜或木牌上以字为记，直观明了。有些商人似乎已不满足几个字所起到的宣传作用，徽州的吴汇源茶庄门前设有高大长条木牌，俗称"落地招"，上书"徽州吴汇源自办名山毛峰雨前雪蕊龙井雀舌普洱等名茶发行"，字数多达26个，既表明了该号的籍贯，又说明了所售茶的品类。

《西游记》的作者吴承恩在游历天津杨柳青后，赋诗道："村旗夸酒莲花白，津鼓开帆杨柳青。"这里的"村旗"就是村头酒店的招幌。明代北京正阳门附近的酒肆招幌更为热闹，横匾连楹之外，或悬木罂，或悬锡盏，并缀以流苏装饰。

历史总是在不断积淀中发展进步的，清代已是集商幌之大成的时代了。

清代，仅北京地区就约有250余种幌子形式，分别代表着众多不同的行业。一店一幌，异彩纷呈，日子久了，即使孩童也认得熟知。其中的不少市招以汉字为主，并参以满、蒙、回、藏等文字，体现了多民族和谐共存的地域特色。针对有些人不识字的情况，一些商家便在幌子上绘制具有寓意或内涵的图案或纹饰，以方便识别，这些图案久而久之成为某一行业约定俗成的代表性标识，不轻易更换。另有商家干脆将所卖商品或它的象形之物悬挂或摆放在店门外，如卖

清末北京驴马市
大街上的幌杆

请上幌子是老字号每天的头等大事

酒者悬酒壶，卖炭者挂炭棒等，不一而足。不少招幌的装饰采用传统吉祥纹样，如云纹、钱纹、龙纹、福字等，并描金绣银，饰飞龙腾凤，并以对称形式张挂。悬挂招幌的幌架多用龙形或蝙蝠形，有的将幌架雕刻成一对飞龙，远远伸出房檐，颇为壮观。旧京大栅栏商业繁旺，若站在街口向里眺望，各式幌子铺天盖地，标有同仁堂、瑞蚨祥、张一元等字样的布幌悬挑于半空之中，五彩斑斓。仅以酒馆、饭铺为例，他们在门前悬挂倒山字形布幌，幌子上所书"不知何处是他乡"或"李白曰言此处高"等文字，突出了中国酒文化的人文特色。

一天之计在于晨，许多商家视幌子为商业生命与信誉的象征，挂幌子是商家的头等大事，就像日出东方照亮前程，引八方来客一样。每天开门，更夫用幌杈挑起幌子挂在幌钩上，名曰"请幌子"，很是神圣，从而也就有了"金招牌、银招牌、稀里哗啦挂起来"的说法。关门前再将幌子挑下来细心收好。

商业招幌已实实在在地成为一种文化，进而引起了包括皇帝在内的有识之士的关注。雍正、乾隆年间，在圆明园万寿山后沿河及南墙外修建了一条买卖街，香蜡铺、槟榔铺、粮食铺、剃头铺、烟铺等各种生意林立其间，店家纷设牌楼、招幌、门额，好不热闹。后来，清廷降旨："将各铺面拍子牌楼，按座逐细查对，分别等次，拟定雕工则例。"随即，《圆明园内拟定铺面房装修拍子以及招牌幌子则例》制定出台，《则例》将茶馆的招牌、纸马铺的门神幌子、油盐铺的酱醋牌等，及一些柜台上摆设的招财童子、狮子麒麟、和合二圣等饰物的长宽高尺寸、用工用料等都一一列清，其目的之一是满足皇帝"欲周知民间风景之意也"。

可以说，好的招幌无疑是艺术品，给人以美的享受，它独具的商业与广告文化魅力往往要超过其自身的商业实用价值。

3 形色各异说类别

酱园幌表明品质

世代沧桑，在中国社会与商业文化的进程中，各类招幌品种繁多，令人目不暇接。招幌一般可分为实物幌、模型幌、包装幌、效果幌、象征幌、灯具幌及文字幌等，但归纳起来大致分为文字幌、形象（象征）幌和实物幌三大类。

文字幌是中国传统商业运用最广泛的一种招幌，成为商家广告宣传最重要的手段之一。

国人饮茶的历

史久远，早在唐代已蔚然成风。茶行一般用方形木牌，一角朝上悬挂，有绿色或黑色等，上面书写或镌刻金色的"茶"字。北方的一些茶庄、茶馆在春、夏、秋三季喜欢在店门前高搭凉棚，棚檐下悬数个正反两面写有"雨前""大方""香片""碧螺""龙井"等茶名的长方形木牌，幌牌长40厘米上下，宽15厘米左右，下缀红布条。另外，许多地方的人们有到水铺买开水的习俗，所以水铺的木牌幌一般写有"好白开水"字样。

一些发达城镇的饭庄在店外有悬挂长方形木牌的，幌牌漆成红色或黑色，下垂布穗，根据自家的经营特色，在上面或刻或写"喜寿宴会""满汉全席""应时小菜""随意小酌"等字样，招揽顾客。

清代的酱园就如同当今的副食品商店一样，油、盐、酱、醋、生肉、酱菜等一应俱全。酱园的幌子有方木牌或扁平葫芦形木牌等不同形式，上书"酱园"、"酱"、"伏酱"或"陈醋"字样。"伏"和"陈"均表示商品很高的质量水平。老北京有些大酱园喜欢在门外搭建木牌楼，并逐渐形成一种特色。

从酱园的幌牌上可见齐全品种与上好质量

"南烟"二字的幌子广告效果很显著

西方的卷烟未传入中国之前，人们用烟袋锅儿燃吸烟叶，如关东烟、兰花烟等。售卖烟叶的大小烟铺门前悬挂方黑木牌，书或刻"烟魁"字样，"魁"即表示烟叶上乘的品质。也有的店铺挂两个葫芦形的布袋子，内蓄棉花，微鼓，下系红布条，在葫芦袋中间还特别写明烟叶的名称，吸引顾客。清末之时，世风大开，什么福建皮丝、兰州水烟、西洋鼻烟等品种更加丰富，于是幌牌上也出现了诸如此类的烟品名称，招徕顾客。

文具店又称纸行或纸局。此行一般在房檐下挂数个小木牌，牌上刻着"徽墨湖笔""南纸文具"等货品名称。在清明节、中元节前后，店家又增挂出成串的纸元宝、纸银锭等，以示店内应时节售卖此物，供人们扫墓或祭祖之用。

当铺多用方形黑色大漆木牌，书写或镌刻金色的"当"字，白色的高大外墙上又有一巨大的"当"字，不免气象森严之感。位于老北京东安门内的裕通当铺临近皇城，因不允许设旗杆或牌坊，聪明的商家便在门楣上做了块铜质大幌牌，牌面上除写有

烟店幌

裱画店的幌牌

"当"字外，又加饰"云头""方胜""万字不断头"等传统纹样，形如挂檐，谓之"云牌"。

　　形象幌又有象征幌或标志幌之说，此类招幌有直观效果，引人注目。在漫长的商品经济和社会生活中，它逐渐形成一种定式，人们视门前所悬招幌，便知晓该店是卖什么的。值得注意的是，以特色商品的容器或包装物表示本号经营商品的幌子有很多花色，是招幌中较常见的宣传形式。如酒家所悬挂的酒葫芦，酱园用包装酱菜的篓子为幌等。

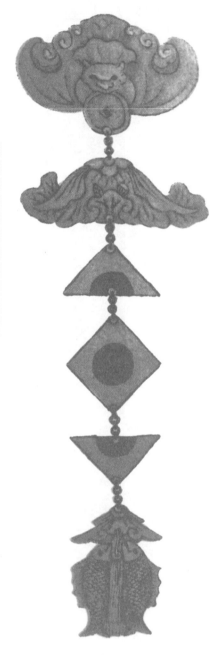

药庄幌

广泛流行的酒旗、酒帘素以青布悬挑为主，历代典籍诗文中也不乏记载。江浙地区的酒家也有以黄色布帘悬挑为幌的。又因古人常用葫芦沽酒，所以酒家在店外挂一个大葫芦，系块红布穗，也有用木制或锡制的葫芦模型悬挑的。酒家悬葫芦幌的习俗也与一些历史故事或神话传说有关，如"八仙"中铁拐李的大葫芦既盛酒又装药；吕洞宾的小葫芦也是装酒所用；林冲用葫芦沽酒并挂于花枪上，如此依托无疑为酒家幌平添了意趣与内涵。

药材庄一般挂膏药形幌，几个一角向上的正方形"大膏药"串成一串。有的儿童药品店在膏药幌的基础上，又加饰站立的童子形象，并配以双鱼、莲花等吉祥饰物。民间传说，这类招幌是向顾客暗示本号有坐堂大夫在，可妙手回春，引人前来。值得一提的是，有的医家因曾给皇帝、皇后治好过病，誉满八方，医家便用御赐之物或复制品为幌子，并在幌子上标榜"御制××丸"

等文字。皇恩之物自然极具广告效应，世代相传，视为珍宝。

绒线店的幌子为各色绒线分别环绕成几个大环，环环相交，十分耀眼，颇具现代标志感。北方有的绒线店的招幌用木板制成长约20厘米，宽约10厘米的线绺，上下两端是两个云头形，漆成黑色，线绺中间漆成红、黄、蓝、绿、黑、白等几种颜色，象征彩线，下系

清末元宵幌的形制好似灯笼

红布穗。古来，以女士为主要顾客的绒线店、胭脂铺等在经营上多有融通之处，兼营的品种很多，针头线脑，胭脂香粉，琳琅满目。宋话本《志诚张主管》中的故事说，因张胜一时没有了生活来源，他的母亲让他把屋内挂着的一个包袱取下来，然后将包中的"花栲栳儿"交给张胜，希望儿子能承袭祖业，卖些胭脂、绒线为生。所谓"花栲栳儿"就是一种用竹篾或柳条编制而成的筐篮，"花"是指筐篮的色彩与图案。而后，张胜便在自家门前挂起花栲栳儿为幌，开办了胭脂绒线铺。张胜用祖传的花栲栳儿为招幌作标识，是因张胜的父亲很善于经营，早已使张家的花栲栳儿成为家喻户晓的标识，创出了品牌。

传统的灯具幌是象征标识类招幌中较为常见的一种。古代民

澡堂门口不仅有脍炙人口的对联，还高高竖立着灯具幌

间普通的纸灯多姿多彩，有圆形、方形、六角形、八角形等不同
款式。不少客栈在悬挂各类招幌的同时，每逢入夜又悬挑起灯笼，
可谓"门前一盏灯，远照四方人"，灯笼上一般书写"公逢安处"
或"安寓客商"等字样。不仅如此，澡堂在晚间也亮起红色的灯
笼，悬挑在门前的木杆之上，顾客在很远处一望便知。有些地方
的澡堂在门外挂一块用生铁铸成的"云牌"，长约70厘米，宽约
30厘米，水烧热后敲响云牌，引人前来。

各地糕点店悬挂的幌子不尽相同。北京的店铺挂着绘有大小八件儿糕点或龙凤喜饼的小铜牌，而天津的店铺外则挂几个小木牌，双面彩绘八仙人物，暗喻"八件儿"。

靴鞋店有用方形木牌画高靴或平底鞋的，也有用木板制成靴鞋的实物形状，挂于店外的。在靴鞋幌中尤以老北京内联升的招幌最具内涵，脚踏祥云图案暗喻顾客穿了内联升的鞋可以平步青云，本来就穿官靴的人更可飞黄腾达。另外，绱鞋铺以为周围百姓绱鞋的生意为主，其招幌与鞋店大同小异，只是相对小了一些，幌牌的图案中又增加了方口、圆口等式样的鞋形图案，并注明"正绱""反绱""缉口"字样。

有句歇后语说："颜料庄的幌子——花里棒子"。颜料庄在屋檐下有序地挂一排长约四五十厘米的大棒槌，周身漆彩各色，风吹棒碰，声响清脆，煞是景致。有些店铺又在彩棒上

描金饰红的什锦糖糕幌牌

一品帽铺的名字充满内涵

031

加饰金花，描绘金线，另有店家在棒与棒之间再挂些写有货品名称的小木牌。

实物幌是商家从事什么生意就挂什么商品或商品模型为幌，让顾客有直观感觉，一目了然，是古代实物广告手段最具典型意义的延伸。

香烛铺常挂木制红漆大蜡烛模型或刻字的幌牌招揽顾客。

梳篦店挂木制大梳篦为记，北方的一些店铺在此基础上又有所发展，在十字竹木架四端各悬一串木梳，每串五六个左右，下缀幌绸。规模更大些字号则在门前设置一个木雕仙鹤，鹤嘴叼着红绒绳，系挂着竹篦和木梳各一，并用红布为幌绸。

棉花店前悬挂一张竹弓，下垂一个大棉花球，棉花球腰间扎红布条，下边垂饰流苏彩穗。

棕麻店外挂一束麻丝或一片麻袋，袋片上书"麻袋发庄"字样。

钱庄幌可谓实物幌中最具特色的一种，式样为沓沓铜钱如柱状的木制模型，一串串铜钱中间又有一木制大铜钱，上有"源流元宝"等

清代钱铺幌子

字样，下系红幌绸。

财大气粗的百年老号、殷实商号对于招幌的设置自然气度不凡，药材庄向顾客展示鹿茸、虎骨很常见，他们还喜欢在店外或窗口摆放梅花鹿或东北虎的动物标本，以此彰显气派，起到了引人注目的宣传效果。

有些实物幌意趣盎然，如老北京黑猴记帽店的"黑猴"幌就是很好的例子。该号位于前门外，原名田老泉帽店，开业于清代中叶，以经营鞋帽为主。店主曾饲养一只黑猴（此动物实为猱，猴科动物），招人喜爱，帽店的生意一天比一天好，收入激增，以致田老泉笃信它为财神下界。其实，顾客盈门的真正原因是大家为了来此看一看这只活泼可爱的猴子。后来，田老泉去世，黑猴也郁郁而终，而老主顾们却不忘田老泉与这只猴子，特意制作出一个火眼金睛、手捧金元宝的木制黑猴置于店外。岁月沧桑，田老泉逐渐被人忘记，而黑猴帽庄却闻名京城，可见幌子作用之大。另外，花鸟店在门前设老鼠荡秋千，饭店在门前圈养活鸡、活鸭、活鹅、活鱼等，皆是利用人们的好奇心理吸引消费。

某一行业或店铺的招幌历经岁月，久而久之约定俗成为某种重要标识信息，能够明确地传达给消费者，让人一目了然。俗话说：民以食为天，遍布于各地街衢里巷的大小客栈、饭店所悬挂的招幌，受民俗民风和地域经济等因素的影响而千差万别，在招幌语言方面不断形成自身的"方言"个性，一些局外人眼里的"莫名其妙"，在某一行业内却反映着独特的意义。

绝大多数饭店以挂面箩幌和笊篱幌为主，面箩幌常用柳木笼屉或用大小相同的硬纸圈表示，圈外缠粘红黄两色棉纸条，下垂细细的黄色纸穗。旧时，北方的切面铺也挂此幌。客栈是店外挂一把柳条笊篱，配红布穗，这是由传统客栈晚饭只准备面条而承

饭店的罗圈幌

袭的。另有不少具备餐饮与住宿双重功能的客栈，挂大布幌的同时再挂一串笊篱，晚间又加一盏纸灯，意指白天可就餐，入夜又可供过往客商住宿休息。东北地区的车马店、客栈以悬挂面箩幌的多少来向路人示意这家客店或饭庄的档次，此类招幌约可分几类。档次最低的是专为普通劳工服务的小店，只挂笊篱幌。相对高一点档次的挂面箩幌，供应大煎饼和豆腐脑等小吃。挂梨包幌的客店是专住赶车夫的。既住车夫又招行人的，挂两个罗圈，当地人称之为"管小饭"的。还有吃住条件都比较好，有酒有菜又兼卖草料的客栈，挂四五个面箩幌。最为讲究的客栈，挂柳罐斗和多至五六个面箩，下垂红布幌穗。这类店家不仅有单间，晚间还有民间艺人表演，供人消闲娱乐。

五彩缤纷、形色各异的招幌不仅展示着古代商业与广告文化的发展轨迹，也蕴涵着丰厚的民俗文化积淀。一行一幌，服务经济，方便消费，为人喜闻乐见，古道沧桑的招牌幌旗以其恒久的生命与后来的其他各种近代广告形态相互辉映，魅力无限。

④ 水村山郭酒旗风

唐代酒家所用的勺子残片

酒旗是中国传统广告最典型、最具活力的表现形式，为什么这样说呢？

中国自进入封建社会以来，至1840年鸦片战争前，历经2000多年的沧桑岁月，在相对保守、封建专制占主导地位的自然经济中，商品意识在人们的社会生活中逐渐得到加强，尽管它的步伐是那么缓慢。客观地说，战国至隋朝的千余年间，中国的商业广告在形式上几乎没有什么创新可言，但在内容上却不乏亮点，其中之一正是风中飘逸灵动的酒旗。

华夏酒文化源远流长，在近世的考古发现中就有颇具规模的商代酿造作坊遗址和饮酒器具出土。春秋时代，酒已成为祭祀、庆典及各类社会活动必备的饮品，《晏子春秋》《韩非子》中所描述的沽酒者及其招幌形态表明，酒家在当时的民俗生活中已形成一种专门的行业，适应了百姓消费生活的进步。

古代的酒家、小馆皆不乏嗜饮者光顾，上至当朝天子，下至贩夫走卒，无一不乐也。俗话说：酒香不怕巷子深，在古人的商业理念中果真如此吗？未必。酒家经营的主要商品是酒，酒的液体特征决定了它不能像其他商品一样，可以卖什么挂什么、摆什么，以实物招幌的形式展示。另外，若将酒缸、酒坛放置在店前、路边，既不醒目、不雅观，也不便于远距离识别。飘扬的旗帜是酒家位置所在的标志，酒旗幌的诞生与应用充分体现了古人在招揽意识上的聪慧。

酒旗又称酒帘、青帘、酒幔、青旗、酒旆、彩帜等，常见的式样为左、右、下三边有齿状边饰的长方形旗帜。最初

让人心觉温暖的小酒店

酒店挂青帘

的酒旗是用蓝、白两色布缝制，旗面只绣大大的"酒"字，后来，酒旗的颜色不断丰富，并绣有店名或图案等。酒旗在使用过程中具有简便易行、常换常新、视觉效果突出的特点。

宋代以来，随着社会经济的发展和市场的全面开放，酒业招幌也由原来较为单一的旗帜形式向多元化、个性化发展。酒家或酿酒行的招幌出现了瓶、瓢、帘竿、葫芦、大碗、马勺等多种形式，但酒旗的主导地位没有改变。宋人洪迈在《容斋续笔》中记："都城与郡县酒务及凡鬻酒之肆，皆揭大帘于外，以看白布数幅为之。"

古代的酒旗出现在老商标图画里，也是点睛之笔

明刊本《二奇缘》中的留佩馆高挑着招旗

至于"微者"小店，则"挂瓶瓢，标帚秆"了。可以想见，数幅青帘酒旗的张扬要比瓶、瓢、帚秆气派得多。

　　酒旗是古代市井最美丽的风景线之一，它入诗、入画、入典，成为酒文化和商业民俗的重要组成部分。"李白斗酒诗百篇"，历代文人雅士多爱酒、嗜酒，关于酒帘幌旗的佳妙吟咏不绝于耳，浪漫情怀，传唱千古，构成了一种特殊的人文现象。唐代大诗人杜牧的《江南春》云：

千里莺啼绿映红，水村山郭酒旗风。

南朝四百八十寺，多少楼台烟雨中。

　　《江南春》既写出了江南春景的丰富多彩，也描绘了她的广阔、深邃和迷离。诗一开头就像摄像镜头迅速掠过南国大地一般，千里江南，黄莺欢唱，丛丛绿树映着簇簇红花，傍水的村庄与依山的城郭到处可见迎风招展的酒旗。如画的江南在酒旗的映衬和诗人的点染下，显得更加迷人了。

其实，《江南春》仅可谓沧海一粟，更多的精彩有待我们赏读：

唐代

酒旗相望大堤头，堤下连樯堤上楼。

　　　　　　——刘禹锡　《堤上行》

长干午日沽春酒，高高酒旗悬江口。

　　　　　　——张籍　《江南行》

唤客潜挥远红袖，卖垆高挂小青旗。

　　　　　　——元稹　《和乐天重题别东楼》

闪闪酒帘招醉客，深深绿树隐啼莺。

　　　　　　——李中　《江边吟》

风樯好住贪程去，斜日青帘背酒家。

　　　　　　——刘禹锡　《鱼复江中》

小垆低幌还遮掩，酒滴灰香似去年。

　　　　　　——陆龟蒙　《和袭美初冬偶作》

惟有日斜溪上思，酒旗风影落春流。

　　　　　　——陆龟蒙　《怀宛陵旧游》

红袖织绫夸柿蒂，青旗沽酒趁梨花。

　　　　　　——白居易　《杭州春望》

青帜阔数尺，悬于往来道。

　　　　　　——皮日休　《酒中十咏·酒旗》

宋代

饥望炊烟眼欲穿，可人最是一青帘。

——杨万里　《晨炊横塘桥酒家小窗》

一片春愁待酒浇，江山舟摇，楼上帘招。

——蒋捷　《一剪梅·舟过吴江》

明代

红葵古碗碧蛆沉，南市青帘买却斟。

——徐渭　《饮枇杷园赠某君东道》

村旗夸酒莲花白，津鼓开帆杨柳青。

——吴承恩　《杨柳青》

清代

绿印苔间展，青飘柳外帘。

——吴伟业　《梅花庵同林若抚话雨联句》

日暮河桥芳草合，尽容携手到青帘。

——方文　《与张季昭同寓赠此》

酒旗招幌或许是中国广告史上最具生命力的历史文化遗存，君不见在今天的城市或乡村偶尔仍可欣赏到酒旗之美，它依旧有着极强的招徕力。若在大都市的摩天楼宇间，寻得一面酒旗，引出一坛醇香，我们说，那一定是一种非凡的格调，一幅醉人的市井画卷。

5 幌牌的复合与多元特征

　　文字类招幌最初只是起到提示经营内容的简单作用，如当铺书"当"字，茶店挂"茶"字，酒家写"酒"字，烟铺刻"烟"字及米铺题"米"字等。随着市场竞争和商人广告意识的增强，一些具有文化内涵、言出有典的广告词句出现在幌牌之上，成为一种复合式的广告载体，较之卖米写"米"字、卖茶写"茶"字之类的单一式的招幌，从内容上更加丰富，从宣传上更具力度，越来越受到人们的欢迎。幌牌上的广告短语易记易颂，朗朗上口，逐渐成为某一行业约定俗成的、最常见的宣传词，进而成为某一行业特定的标志。如：

酒　店：太白遗风　　陈年老酒　　闻香下马

药材庄：寿域宏开　　丸散膏丹　　生熟药材

茶　肆：润心清肺　　香气宜人　　陆羽传经

饭　铺：南北大菜　　随意小酌

绸布庄：湖绉南绸　　锦绣光华

糕点铺：京式八件　　广式月饼　　官礼茶食

鞋帽庄：平步青云　　连升三级

当　铺：利在便民

烟　店：福建皮丝　　西洋鼻烟　　兰州水烟

招幌的文化内涵因此得到增强之外，复合式幌牌在形制、色彩上也不断丰富、发展。在造型或装饰上，寓意吉祥富贵的中国传统纹样被刻绘到幌牌上，如灵芝、万字、莲花、八宝、如意、方胜、祥云、金鱼、麒麟、蝙蝠、牡丹、葫芦等，应有尽有。在色彩的运用上也不乏喜庆热烈的红色；光明富贵的黄色；庄重大方的黑色；洁白清整的白色等。

清代是招幌广告最为兴盛的时代，雍正、乾隆年间，朝廷专门出台了《圆明园内拟定铺面房装修拍子以及招牌幌子则例》，《则例》其实不仅仅限于皇上眼皮底下的皇家园林街市，它的出台与实施对整个北方地区招幌的发展都具有指导意义。比如，《则例》中对一个小油铺的幌牌从形制、装饰到工艺等方面均做出了事无巨细的规定："酱醋牌，露明雕做莲花、宝盖、番草荷花，中心葫

黑底幌牌上刻着美丽的金色云纹，古朴大气

莲花、莲叶、莲房图案是古代广告设计的重要元素之一

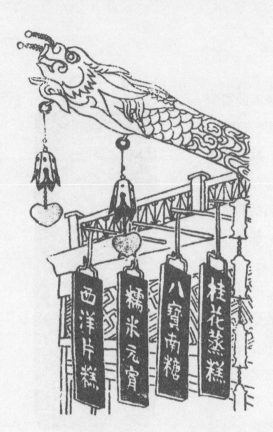

龙头挑杠加上清晰详确的
字牌幌，将糕点店铺装饰
得气派非凡

昔日酒饭铺的酒旗幌子

芦样式，雕花之处，折见方尺；柱头，雕做西番莲；牙子，雕做分心花……"又如茶坊招牌规定："长二、三尺，宽一尺一，边抹、心子板；每扇墩木二分五厘，鱼胶二钱，木匠一工，雕匠半工。"

在商人们越来越精明的广告活动中，文字类幌牌又逐渐向大型化发展，演化成招牌广告的形式，它又分为竖式招牌、横式招牌、坐地招牌以及后来的墙壁广告等。

直式通天牌是商家在店铺门侧树立的较大的竖式广告招牌，也是由文字类招幌发展而来的。它有气势，视觉效果强烈，让人很远即可看到商家的宣传内容，是清中叶以来较为流行的一种传统户外广告形式。比如，同仁堂、保和堂药店门外竖立的直式通天牌上书有"祖传秘方遵古炮制各种丸散膏丹；零整批发川广云贵各地生熟药材"，"批发各种驰名丸散膏丹药酒泰西药品"等广告词句，很有特色。还有许多鞋帽店、商场、布庄等也常设通天牌广告。

6　冲天招牌和青龙牌

老上海银楼的立式通天招牌

冲天招牌又称通天大招牌，是商家在店铺门前或两侧树立的高大竖式广告招牌，由文字幌牌发展演化而来。它气势不凡，视觉效果强烈，让人很远即可看到商家的宣传内容，特别是到了明清时期，冲天招牌已成为较为流行的一种户外广告形式。冲天招牌的形制一般是一块竖高的黑底金字的招牌，招牌下部用两片长条石材夹好，一起深埋入地。露出的石材上有洞，以便于将木招牌捆牢。

市井风俗画《南都繁会图》描绘了明代后期南京商业繁荣的景象，画中南市街和北市街上的各色招幌争奇斗巧，其中十分引人瞩目的就是两面写有"东西两洋货物俱全"的冲天招牌。清乾隆年间，针对近临皇城的商业街上的广告设置专门出台有《圆明园内铺面牌幌则例》，《则例》中特别要求，冲天招牌的顶端要雕刻装饰元宝或如意图案。关于冲天招牌的风貌，《日下旧闻》中又说："都城市肆初开，必盛张鼓乐，户结彩缯……正阳门东西街招牌，有高三丈余者，泥金杀粉，或以斑竹镶之，又或镂刻金牛、白羊、黑驴诸形象，以为标识。"《燕京杂记》中也记述道："京师市店素讲局面，雕红刻翠，锦窗绣户，招牌至有高三丈者。"在清末，冲天招牌尤其受到药材行的热衷，竞相设置，层出不穷，仅以京津地区为例：

德爱堂：德爱堂沈家祖传七代小儿七珍丹只此一家并无二处

同春堂：自制川广闽浙各省地道生熟药材

保和堂：批发各种驰名丸散膏丹药酒泰西药品

同仁堂：祖传秘方遵古炮制各种丸散膏丹；零整批发川广云贵各地生熟药材

与户外冲天招牌形成对比的是店铺内设置的"青龙牌"。青龙牌一般设在柜台尽头靠墙的位置，一块装饰精美的黑底金字小牌子因为立在柜台上，所以又俗称为"站牌"。青龙牌较比冲天招牌外在的张扬，更能显现出深层的商业文化精神，青龙牌上所书、所刻的文字多与本行业的典故或经营特色有关，寓意深刻：

药店：杏林春色　天地同春　寿域同登　颐养天和

酒家：太白遗风　飞觞醉月　香溢壶觞

茶庄：卢陆停车　玉树含英

钱庄：钱谷流通　裕课通商

鞋店：圯桥进履　连升三级

青龙牌、幌子、牌匾无一不全，好不热闹

冲天招牌等户外广告琳琅满目，交织在熙攘的街市中

银号：珠光宝气　金碧辉煌

米店：民以食为天

帽庄：冠冕堂皇

酱园：调和鼎鼐　瓮分百二

南货店：山珍海味

绸缎庄：七襄曜彩　世掌丝纶　天丝云锦

7 招幌带给古人什么

乡间小店不忘挂幌

招幌的产生与流传过程，正是民众对广告的认知与广告行为约定俗成的过程，它对于工商业者和消费者是一种完全开放的形态，并不仅仅局限于某一行业运用，而是具有广泛的社会性质。招幌可以辅助经营者，起到招揽、宣传、推销的作用，此其一。其二，招幌挂在店外，消费者一望便知，久而久之成为经营者拥有的标识。其三，灵动的招幌可谓市井风貌中最鲜活的亮点，它从不同层面促进了社会的繁荣。

又一次说到"酒香不怕巷子深"这句话，它的本意是说好货不愁卖不出，不怕没买主儿。受中国传统人生观、价值观的影响，古代的不少商人是坚信这个道理的。其实，这句话对于商业的进步是存在一定局限的。试想，就是"茅台""五粮液"，若不是最初酒客们的夸赞与口头传播，这琼浆或许还要固步于产地一隅相当长的时间呢。商品经济的首要目的就是力争尽快地、最大限度地获取利益。酒再香，可周围知道的人毕竟有限，难以达到可观的效益。正因为如此，即使是地处偏僻山野的鸡毛小店，也要在便于路人望见的地方或门前，挂出一杆草帚或一面酒旗之类的幌子，幌子虽小，广告作用却不容忽视。

理发铺的幌子为胡同里巷增添了几许生气

我们再来说说招幌的指向与会意作用。在长期的社会生活中，经营者、消费者与广告三个方面不断相互作用，广泛的认知和约定俗成使得不同行业、不同店铺的招幌所具备的指向与会意也很独特，效果显著。酒坊、酒家挂酒旗、挂葫芦，面铺挂罗圈，烟店挂大烟袋锅子，顾客一眼便明白这店铺是卖什么的。有的商家在行业统一招幌模式的基础上又加以一定的变化，细微的个体差别向消费者传递的附属信息也不一样，高低贵贱，各取所需。如老北京切面铺挂面罗幌，在此基础上如果再加饰有双桃形的幌牌，则表示该号还兼卖蒸食。不仅如此，一些地方的饭铺也有不同的档次，他们以挂面罗的多少来区别，酒饭越精致所挂的面罗数越多，就像现如今以星级来评定酒店的标准一样。

自古以来，招幌广告在百姓的经济生活中所起到的标识导引作用就很突出，就如同今天我们口渴了想喝罐可乐一样，往往是不由自主地就想到了红色或蓝色为主调的画面，满大街地找红色或蓝色广告装饰的店面。

天长日久，一些招幌所具有的标识与商标特征是十分显见的。实物幌也好，象征寓意幌也罢，在人们的意识中很容易形成符号

传统酱菜的篓子外贴着耀眼的标签

化的标志概念。买什么东西找什么幌子，在消费行为初始的时候，常常能形成一种条件反射。潜意识里自然或不自然的，头疼脑热想到膏药幌，想住店歇脚时四下找笊篱幌。开门七件事，柴、米、油、盐、酱、醋、茶，老百姓过日子离不开酱园，人们对酱园的幌子并不陌生。传统酱菜多用漆过桐油的小篓为包装容器，酱菜篓子便在人们的印象中形成了很深的印记，类似一种符号式的影像，酱园也习惯在门首挂一串酱菜篓，缀上鲜艳的红绸穗招徕生意。如此这样那样的意识惯性就是招幌的标识特征和导引作用长此以往所产生的结果。

商业竞争的压力，促使一些商家苦心设计出自家别具一格的幌子，试图在精美程度、文化内涵、视觉意趣和设置规模上出奇制胜，超过同行对手，期望得到更具力度的广告效应。出奇出新才叫特色，商号一旦拥有自己专属的幌子，它无疑具备了商业标志的意义，成为他人无法替代的广告。如北京的"双幌子"裕通当、"黑猴"帽店、"金毛驴"皂店以及宁波的"缸鸭

酱园的大葫芦幌

053

狗"汤团店等。另外，北京地安门外宝瑞兴酱园经营的品种十分丰富，他们从葫芦沽酒的民俗受到启发，在门前特别制作了一个木质的红漆大葫芦，安放在莲花座上，上书"本号发卖香油、陈醋、伏酱"等字样。一来二去，宝瑞兴出了名，由于店前的大葫芦坐招醒目，让人反而忘了他的字号，"到'大葫芦'去买酱醋"成了顾客们的口头禅。独特的招幌确实会起到一鸣惊人的效果，引来盈门的顾客，但有一点，有时也不免遭来同业的嫉妒。于是，仿冒者不绝于市，造成广告信息的混乱现象。正如清末北京流传的一首打油诗所说的那样："鲜鱼口内砌砖楼，毡帽驰名是黑猴，门面招牌皆一样，不知谁是老猴头？"

德国哲学家恩斯特·卡西尔在《人论》中说："符号化的思维和符号化的行为是人类生活中最富代表性的特征，并且人类文化的全部发展都依赖于这些条件，这一点是无可争辩的。"民俗学家曲彦斌就此观点结合招幌文化认为："招幌就是人在一定的社会文化条件下，生活需要而创造的一种开放性的标识符号，一种民俗语言文化现象。"

招幌作为民俗语言文化现象，其内容多姿多彩，飘扬于闹市，闪亮于街巷，在广告导引和标识作用的同时，它们在宏观上对繁荣经济生活也起到促进作用，我们仅从一些绘画艺术中就可见一斑。

古代画家在表现城乡市井繁盛时，大都要描绘各行各业的招幌，从宋代的《清明上河图》、元代的《卢沟运筏图》、明代的《皇都积胜图》《金陵繁盛图》，到清代的《盛世滋生图》《乾隆南巡图》等市井风俗画中已不难发现。市肆招幌显然已成为画家力图表现城市生活祥和、经济繁荣风貌时不可或缺的元素，所着笔墨独具匠心，所表现的广告世界引人入胜，有关于此我们在后边还会专门谈及。

　　如果缺少了招幌的市井风俗会是什么样子，传达给人怎样的感觉，我们很难想象。扯下幌子，让路人茫然，他们到哪里去消费？没有幌子的街市或许一下子变得凄冷，哪里会有游人如织、歌舞升平的景象呢？在广告无处不在的现代生活中，如果有一天广告突然消失了，你或许会一愣，这还是我们的生活吗？就经济发展的规律而言，招幌的广告作用有利于烘托良好的社会生活氛围，对经济发展能起到一定的促进作用。

第二章

招徕的天籁美韵

1 从"自相矛盾"说到"燕市百怪"

　　自人类有了物品交换的行为开始，便自然或不自然地发生了语言上的交流，市声由此而来，它甚至早于"市"的产生。所谓"市声"泛指市、市肆的喧闹之声，这种杂声包括许许多多声源。其中，以招徕顾客与促进消费为主要功能的声音，被通常称为"招徕市声"，如行商贩夫吆喝叫卖的声音，拨浪鼓、梆子、小铜锣等各种响器发出的声响等。

　　推销与广告是商业经营和商人生活的重要组成部分，我国自古以来就有"殷人重贾"的记载，商人与市声共生同存。

在街市上奔波叫卖的商贩（汉画像砖）

在奴隶社会的商代，农业、畜牧业的蓬勃发展促进了手工业的兴盛，由此而来的便是商品生产和经营的繁荣。"殷人"就是"商人"的意思，这一名称与商业及其广告活动一同滥觞于商代。现行的高校新闻传播学教材中谈到，"商"是我国最早的广告乐器，这一重要观点源自著名先秦史学家姜亮夫对"商"的得名与由来的研究成果。姜亮夫首先从"商"的甲骨文、金文的字形追本溯源，深入浅出地分析了每一字体、每一部分的象征与指意，认为"商"中包含有"能鸣善歌""歌喉之美""音乐共鸣器"等诸多元素。姜亮夫又从史料、社会学和民俗学等方面综合考察、分析，得出"商"为一种古老的乐器，常被叫卖小贩或货郎所用的观点。

四川出土的汉代舞俑
形似生意人之唱卖

春秋战国时代的楚国人在街市上"自相矛盾"的故事为人熟知，卖者正是通过大声宣扬、叫卖来向路人推销的，其人巧舌如簧，将手中的矛和盾夸耀得完美无缺，才引出了自相矛盾的尴尬场面。"自相矛盾"堪称中国古代招徕市声广告的经典故事。

汉代的工商经济非常繁荣，东汉的长安和西汉的洛阳有著名的"九市"和"三市"，儒商遍布，游人熙攘。《史记·货殖列传》中记载了当时的民谚曰："用贫求富，农不如工，工不如商，刺绣文不如倚市门。"相形之下的商俗广告行为也是多样化的。

箫，作为一种乐器被汉代的商贩所利用，汉代的郑玄在注释周朝的《诗经》时就谈道："箫，编小竹管，如今卖饧者所吹也。"由此可见，汉代卖饧糖的人是用吹箫的办法来招揽生意的。吹箫卖糖的习俗一直沿袭至唐代，唐代"卖饧之人，吹箫以自表也"。

大唐盛世时期的长安城一跃成为世界上最大、最繁华的城市，长安的东市和西市商贾云集，店肆林立，琳琅满目的商品犹如盛大的博览会一般。宋代的《长安志》说：东市"货财二百二十行，四方珍方，皆所积集"；西市的"市内店肆，如东市之制。（人口）浮寄流寓，不可胜计"。

在唐代，从事商业的人有商和贾之别。前者被称为行商，他们将各地的物品带到各处的周市（定期集市）贩卖，或走街串巷吆喝，谓"呼卖"。后者被称为坐贾，居住在市肆的店铺里。招幌、市声等传统的广告形式在唐代极为盛行，并不断衍生出时代特色来。比如，在唐人尊崇佛教的社会生活中，大量衣食无忧的信众纷纷向寺院捐献财物，各寺库中的物品堆积如山。如此一来，除日常所需之外，僧人也将寺库中的衣物等拿出来卖，时称"分卖"。分卖衣物时流行"唱卖""唱衣"的办法，就是僧人要将所卖之物一一唱出来，样式、质地、价格等内容巧妙地融入了优美的节拍中，起到了很好的招徕效果。唱卖旧衣物的习俗直到清代仍旧流行，生动活泼，为人喜闻乐见。

进入宋代以来，随着"阛阓之制"被冲破，店铺坊肆遍设街巷，中国商业由此经历了划时代的重大变革。空前繁荣的商业、手工业、餐饮业、娱乐业等，从多层面催化并促进了宋人广告理念与行为的成熟与发展。仅以北宋都城汴京（今开封）和南宋都城临安（今杭州）为例，千奇百怪的推销与广告活动异彩纷呈，构成了最动人的市井风情画卷。

宋代大量的轶事、笔记小说有"补正史之亡，裨掌故之阙"的作用，对于研究当时的社会风俗等方面有着重要的史料价值，可谓妙笔生花之作。孟元老的《东京梦华录》、吴自牧的《梦粱录》、灌圃耐得翁的《都城纪胜》等，在描述宋代都市生活的文字中不乏涉及广告活动的笔墨。

高承在《事物纪原》中说："京师凡卖一物，必有声音，其吟哦俱不同。"吴自牧在《梦粱录》卷二十"妓乐"中也说："今街市与宅院，往往效京师叫声，以市井诸色歌叫卖物之声，采合宫商成其词也。"叫卖在宋代不仅仅是风行的广告行为，重要的是它已被艺术化了。

上至皇帝，下至百姓都特别喜欢花草，种植、销售花卉是民间重要的谋生手段，商贩的推销不遗余力。《东京梦华录》卷七"驾回仪卫"中就说：

> 是月季春，万花烂漫，牡丹芍药，棣棠木香，种种上市，卖花者以马头竹篮铺排，歌叫之声，清奇可听……

《梦粱录》在描述临安的花市时也记：

> 四时有扑带朵花，亦有卖成窠时花，插瓶把花、柏桂、罗汉叶。春扑带朵桃花、四香、瑞香、木香等花，夏扑金灯花、茉莉、葵花、榴花、栀子花，秋则扑茉莉、兰花、木樨、秋茶花，冬则扑木春花、梅花、瑞香、兰花、水仙花、蜡梅花，更有罗帛脱蜡像生四时小枝花朵，

沿街市吟叫扑卖。及买卖品物最多，不能尽述。

吴自牧这里所说的"扑"是古代的一种推销形式，"吟叫"是艺术化、有音乐美感的叫卖。不仅如此，《梦粱录》还记录了其他商贩营生叫卖的情况，如卷十三"诸色杂货"中写道：

> 沿街叫卖小儿诸般食件，麻糖、锤子糖、鼓儿饧、铁麻糖、芝麻糖、小麻糖、破麻酥、沙团、箕豆、法豆、山黄、褐青豆、盐豆儿、豆儿黄糖、杨梅糖、荆芥糖、榧子、蒸梨儿、枣儿、米食羊儿、狗儿、蹄儿、茧儿、栗粽、豆团、糍糕、麻团、汤团、水团、汤丸、炊饼、槌栗、炒槌、山里枣、山里果子、莲肉、数珠、苦槌、荻蔗、甘蔗、茅洋、跳山婆、栗茅、蜜屈律等物，并于街后巷叫卖。

卷十三"夜市"中又记：

> 中瓦子前卖十色糖。更有瑜石车子卖糖糜乳糕烧，亦俱曾经宣唤，皆效京师叫声。日市亦买卖。又有夜市物件……各有叫声。……又有盘街卖卦人，如心鉴及甘罗次、北算子者。更有叫"时运来时，买庄田，取老婆"卖卦者。有在新街融和坊卖卦，名"桃花三月放"者。其余桥道坊巷，亦有夜市扑卖果子糖等物，亦有卖卦人盘街叫卖，如顶盘担架卖市食，至三更不绝。冬用虽大雨雪，亦有夜市盘卖。

南宋商人吸引顾客的手段同样花样百出，绍兴年间临安的一些茶肆以乐曲《梅花引》并敲响茶盏作为广告市声。《梦粱录》卷十六"茶肆"中就此说：

> 向绍兴年间，卖梅花酒之肆，以鼓乐吹《梅花引》曲破卖之，用银盂杓盏子，亦如酒肆论一角二角。今之茶肆，列花架，安顿奇松异桧等物于其上，装饰店面，敲打响盏歌卖，止用瓷盏漆托供卖，则无银盂物也。

《梅花引》是唐宋时期著名的乐舞曲名，曲中第三段被称为"破"，单独演唱这一段叫作"曲破"。传说，宋代宫廷大宴时常演曲破，节奏紧密，载歌载舞。

不仅如此，走街串巷卖针头线脑、胭脂香粉的货郎，收买旧物的商贩等，他们在吆喝的同时又摇响手中的"惊闺"作为市声。惊闺由小铜锣和小鼓组成，锣、鼓左右各系坠子，有长柄，摇动起来的声音悦耳动听，可达深宅大院中的闺阁。宋话本《勘皮靴单证二郎神》中就云："冉贵却装了一条杂货担，手执着一个玲珑当啷的东西，叫作个'惊闺'，一路摇着。"街头的叫卖声、小巷的惊闺声在唐宋时代文人雅士的心目中如同天籁一般，唐宋诗词中有不少有关于此的佳妙吟咏，我们在后面的章节还会专门谈及。

元杂剧《逞风流王焕百花亭》中王焕仿效洛阳干鲜果商贩的叫卖曲词精彩至极，一直为人津津乐道：

> 查梨条卖也！查梨条卖也！……这果是家园制造，道地收来！也有福州府甜津津、香喷喷、红馥馥带浆儿新剥的圆眼荔枝！也有平江路酸溜溜、凉荫荫、美甘甘

欣赏元代壁画《卖鱼图》，我们分明可闻买卖讨价还价的声音

连叶儿整下的黄橙绿橘！也有松阳县软柔柔、白璞璞、蜜煎煎、带粉儿压扁的凝霜柿饼！也有婺州府脆松松、鲜润润、明晃晃拌糖儿捏就的龙缠枣头！也有蜜和成、糖制就、细切的新建姜丝！也有日晒皱、风吹干、去壳的高邮菱米！也有黑的黑、红的红、魏郡收来的指头大的瓜子！也有酸不酸、甜不甜、宣城贩到的得法软梨条！

关汉卿的杂剧《王闰香夜月四春园》中也有："自家是个货郎儿，来到这街市上，我摇动不郎鼓儿，看有什么人来"的例子。

熊梦祥的《析津志》记载了不少元代大都（今北京）的风物精粹和民俗掌故，书中谈到街头卖吃食的小贩时说："街市蒸做面糕诸蒸饼者，五更早起，以铜锣敲击，时而为之。"另外，在大都的传统民俗节日期间同样少不了商贩应时景的推销与招揽。如正月十六为烧灯节，"市人以柳条挂焦馄于上叫卖之"。九月初九重阳节，人们俗以面食相互馈赠，"亦于阛阓中笊篱芦席棚叫卖"。七夕节、端午节，"市人又多以小扛车上街沿叫卖"。

明太祖朱元璋定都南京后，将全国众多的富宅豪门迁来，使得南京及周围地区的经济迅速发展。永乐十九年（1421年）迁都北京后，北京的社会经济也日益繁盛。在明代，广告已成为商人们不可或缺的经营活动。史玄在《旧京遗事》中谈到商人的市声招徕时记述：

京城五月，辐凑佳蔬名果，随声唱卖，听唱一声而辨其何物品者、何人担市也……盖此以曼声为招，彼此感耳而引。

明刻《古杂剧》中金莲妙舞般的生动

《占花魁传奇》中的货郎

卖蒸馍的小贩吆喝不停

明代小说《生绡剪》中描写有苏州一个卖鼠药的小贩，此人不仅将几十只死鼠放在地上作实物广告，嘴里还振振有词地吆喝道："赛狸猫，老鼠药，大的吃了跳三跳，小的闻了就跌倒。"这吆喝与那药力实在让人叹服。

《祥符县志》中的一段文字详细、生动地再现了明清时代古城开封的商贩以响器招徕顾客的情形：

有摇小鼓，两旁自击，卖簪珥、女笄、胭脂、胡粉之属者；有鳞砌铁叶，进退有声，磨镜洗剪刀者；有摇郎当，卖彩线绣金者；有小旗招展，携巾箱卖零星绘帛者；有阁阁柝声，执杓卖油者；有拍小铜钹，卖豆沫者；有煮豆入酒肆，撒豆胡床，以求卖者；有挑卖团圆饼、薄夜（薄饼）、牢丸（汤圆）、毕罗（馍馍）、寒具（馓子）、萧家馄饨、庾家粽子，如古人食品之妙者；有肩挑卖各种瓜果菜者；有入夜击小钲卖饧者；有悬便面于担易新者；有求残金笺扇等器熔出金者；有买肆中柜底土，及掏市沟刷街泥以搜遗钱银屑者；又有攒花于筐，灿然锦色，卖与人种植者。往来梭织，莫可殚记。

清人入关，中国一统，各地的工商业在康熙时代很快恢复与提升，广告活动丰富多彩，传统的广告手段与形式均得以承袭，甚至强化，特色鲜明。风雨街巷的行商贩夫们在清代文人的心目

虽然只是老者的侧影，但他分明是在高声吆喝着那篮中的糖葫芦

中是一道道风景，他们的高低唤卖有拖长腔的，拉短调的，成为清代史料中最鲜活灵动的色彩之一。这些史料如徐珂的《清稗类钞》，李光庭的《乡言解颐》，蔡绳格的《燕市货声》，以及《燕市百怪歌》《燕京杂记》《燕市负贩琐记》《燕京岁时记》等。

《燕市负贩琐记》在描述旧京商市的过程中，特别记录了许多小商贩的吆喝词，并加以说明：

> 铁蚕豆——穿街吆喊曰："铁蚕豆，大把抓！"京中有谣曰："铁蚕豆，大把抓，娶了媳妇不要妈；要妈就要叉，要叉接着就分家。"
>
> 纸灯笼——杂货铺卖，有在十字路口卖者，吆喊曰：

声声吆喝流动于街市，为年景增色

"灯笼蜡，六个大！"北京谓每制钱二枚为"一个大"，"六个大"即十二枚制钱矣。此项灯笼，只北京有之，他处皆无。

卖小杂食——穿街吆喊曰："小炸食，我的高；一个大，买一包；哄孩子，他不闹，他不淘。"

糖哑面——儿童食品。有词曰："姑娘吃了我的糖哑面，又会扎花，又会纺线，小秃儿吃了我的糖哑面，明天长短发，后天梳小辫！"种种名词，信口而编，俱能叶韵。

有人在《北京往事谈》中回忆清末叫卖风情时说："不管是春、是夏、是秋、还是冬，北京城各胡同里常常回荡着各种货声，或高亢，或低沉，或悠扬，或顿挫，老北京一听就知道这是卖什么的，出门便能买到各种时鲜和生活用品。"光绪年间的文人蔡绳格编撰的《燕市货声》别名《一岁货声》，书中除序言、凡例外，依岁时分为元旦、二月、三月、四月、五月、六月、七月、八月、九月、十月、冬月、腊月、除夕、通年、不时、商贩、工艺、铺肆等18辑。作者自称所辑录者系咸丰、同治以来至光绪丙午（即1851年至1906年）半个世纪间北京的市井招徕市声。其中，依岁时所辑，以临街门市为主，附以"设摊、工艺、赶集之各类"。所谓"货声"，因行当而别分为三类："其门前货物者，统称货郎；其修作者，为工艺；换物者，为商贩。"于此，将经过民俗学家曲彦斌校点的《燕市货声》中"腊月"和"除夕"的精彩片段照录如下：

腊月

赛白玉的关东糖！松木枝，芝麻秸！（祭神踩岁

用之）

门神咧，挂钱来，达子香盘！（满人用以祭宗祠）

换绿瓷盆来！（以旧日靴帽无用之物相换）

街门对，屋门对，买横批，饶福字！（木红纸、万年红，裁写现成俗对联，在各城门脸里外卖，四个大钱一副）

揭门神，请灶王，挂钱儿闹几张！（神纸摊）

买的买来捎的捎，都是好纸好原料！东一张，西一张，贴在屋里亮堂堂！臭虫它一见心欢喜，今年盖下了过年的房。（画棚）

箭杆儿锅盖咧，买石板儿缸盖咧，买蒸箅儿使去，买插把的笤帚来！

灯草咧，装灯草来！

供花来，拣样儿挑！（挎纸匣，专卖金彩石榴一切供花）

卖绫绢花哟！（旧用二尺许如摺扇面样之纸匣，中贯扁杖，肩扛；又有挑两摞绿方匣者，有背一摞方匣者。各种绫绢，灯草，纸，蜡，细花，带铜铁针；又有蝴蝶，绒球，大小各式。光绪十年后，兴出随时折枝，照真花作色，色逼真）

约山药来！

火芽菜呀！

水勺儿饭勺！（挑担打瓢，卖一切罗、盖、擦床、筷笼小器具）

筐箩、簸箕！（挑担）

素闷子来！豆儿酱来，豆腐来，油炸面筋来！（担笼，定做年下素菜馅）

除夕

荸荠果来呀，好吃来又好剥哇！（闻早年必于除夕晚间先卖此果，仅卖初间数日，然后待夏才卖，谓之先熟果，盖取"必齐"之义。夏令以三寸矮廓桶盛水，生、熟分卖。京西吆喝："熟荸荠，约大荸荠！"约斤专卖生者）

好嗑瓜子！（专卖瓜子）

江米的热年糕呕！（聂姓累世专卖，通年肩挎小白圆笼，仅如扁缸，桃大，精美，多爱买者，外号"游九城"）

咿哟嗷……酪……喂！（间卖一年，担二木桶，层层设碗，带奶卷，夏用冰镇，暗带骰博。按：酪者，为牛乳所作）

杏仁茶哟！（担二细高白圆笼，一头置锅、贮火，通卖一年。大街清早有设摊者）

旧京民间流传有一段俗曲名叫《杂银换钱》，从中可知清末收杂货的小贩能将所要收买的百余种货品的名称一口气吆喝出来，实在令人叹为观止。1937年版的《北平风俗类征》（李家瑞编撰）收录了这段曲词：

杂银换钱，有那破坛子、烂罐子，马勺和盖垫，还有那酒漏子、酒壶、雨衣、褐衫，鸟枪和腰刀，撒带、号箭，有那夹剪和法马（砝码）、戥子、算盘，有那使不着的旧秤、天平和钱盘，还有那厨房里的油裙，打破了的鼓板、拔破的铙钹、法衣、偏衫，有那脚凳子、供器、桌围、帐幔，有那道士木鱼、鱼鼓、简板，有那打卦的竿子、算命的铁板，铜盆和衣架，使不着的案板、桌椅和板凳，摆坏了的佛龛，有那杉槁木垛、买卖人儿的扁担，有那车上煞绳、打牛的皮鞭，木匠的铁锯、铁匠的风扇，有那裱糊匠的刀尺、画匠的图传，锡匠的砧剪、棚匠的席竿，有那厨房的刀勺、庄家人的锄镰、瓦匠的瓦刀，还有铁锨、安不着的门框、竹筒子、炕沿，有那古铜玩器、字帖手卷，这些个东西，都拿来换钱。旧靴子、旧袜子、旧褂子、旧帽子、旧袍子、旧罩子、凉席子、马褥子、套裤、口袋、破裤子、银簪子、铜镯子，待客使不得的火锅子、破灯笼、烂罩子，员外戴不着的扎巾子、胰子盒、手炉，待客使不得的锡壶子、金冠子和银扇子、吊破了的纱灯、旧钿子，蒜罐子、醋坛子，打破了的雨伞、竹帘子、破铺陈、乱毡子，裁缝赚下的破湾子、破琵琶、烂弦子、胡琴、星儿、托盘子、蜡阡子、灯坠子，剃头使不得的那破柜子、破纱橱、烂箱子、使不得的酒篓、小缸子、旧盆子、烂桶子，使用不得的荷缸、小罐子、小刀子、手帕尖上的铜卡子，镜架子，阿哥们穿不着的马褂子、平口子、旧袋子、烂条子、荷包、顺带子，旧剪子、坏簪子、奶奶们戴不着的耳环子，铁钉子、铁镊子、灯台、香炉、蜡夹子，铜纽子，潮银子，宣卷、使不着的旧棉子、花棒槌、叉头子，小阿哥们玩的皮猴子、零绸子、碎缎子、姑娘们打带子剩下的绒辫子、马鞍子、透抽鞍、摔胸、肚带、扯手、鞦辔共嚼环，这些个东西都要，拿将出来看一看。

商贩在长期的广告招揽过程中，纷纷练就了"大忽悠"的口才，他们时常能将再平常不过的商品很夸张又很艺术化地吆喝出来。雾里看花，水中望月，叫卖的广告特性就这样被强化、被放大，意趣盎然。如北京粥铺卖粥的就将一碗稀粥吆喝出花来：

> 喝粥咧，喝粥咧，十里香喝热的咧。炸了一个焦咧，烹了一个脆咧，脆咧焦咧，像个小粮船的咧，好大的个儿咧。锅炒的果咧，油又香咧，面又白咧，扔在锅里飘起来哩，白又胖哩，胖又白咧，赛过烧鹅的咧，一个大的油炸的果咧。水饭咧，豆儿多咧，子田原汤儿绿豆的粥咧。

一方水土养一方人，因各地不同的地域文化背景，使得商贩们对同一货品的吆喝叫卖声也存在着一定的差别。北方的冰糖葫芦酸甜可口，老幼喜食，北京地区多用浓郁的京腔吆喝"蜜嘞哎嗨哎，冰糖葫芦嘞"，河北、山东一带则为"葫芦，冰糖的喽"，而天津称冰糖葫芦为"糖堆儿"，小贩的吆喝声中明显带有天津人特有的那份朴实与憨直，词声为"新蘸的去了核的大糖堆儿呀"，其中"堆儿"尤其声重。另外，柿子于农历八九月陆续上市后，变软后味甜如蜜，小贩推车或摆摊售卖，有的地方吆喝"大柿子咧，喝了蜜，涩保换"，有的地方叫卖"柿子赛糖罐儿"，天津、河北一带则直率地高叫"喝糖罐儿呀"。北京街头有不少卖杏的小贩，因为八达岭一带所产的杏最好，所以无论卖香白杏、四道河杏、红杏，售卖吆喝时都特意呼为"八达岭杏"。

声声引人的叫卖中伴着悠扬的响器传音，一行一声，一行一调，给百姓以丰富的信息，闻其声便知其业，招徕市声为人们选择商品和服务提供了依据与方便，也促进了商品经济的不断发展。

② 韵语说唱声情并茂

　　叫卖吆喝在古代又称为"叫声"，最初始的叫卖只是很本分地卖什么吆喝什么。古人在长期的社会生活和经济活动中，出于吸引顾客多赚钱的目的，或出于财源茂盛兴高采烈缘由，或出于街巷谋生苦中作乐的心理等，不断将一些干巴巴的叫卖艺术化。有的吆喝词借鉴诗歌的形式，声调与韵律相融汇，形成了十分质朴的"吟叫"招徕形式，真切地表达了平凡生活的意趣和经营者的情绪。

《芥子园画谱》中的卖花人

其实，早在"吟叫"之名出现之前的五代后唐年间，具有韵语说唱倾向的"叫卖口号"就已是商贩们惯用的招徕形式了。目前所知有关于此的文献记载出现在敦煌遗书中，是后唐同光时期（923—926）学童习字杂抄中的两段店铺"叫卖口号"，兹录如下：

店铺通用：

厶乙铺上新铺货，要者相闻不须过。

交关市易任平章，买物之人但且坐。

杂货铺：

厶乙铺上且有——

橘皮胡桃瓢，栀子高良姜

陆路诃黎勒，大腹及槟榔

亦有莳萝荜茇，芜荑大黄

油麻椒蒜，荷藕拂香

甜干枣，错齿石榴

绢帽子，罗幞头

白矾皂矾，紫草苏芳

粆糖吃时牙齿美，饧糖咬时舌头甜

……

阔口袴，崭新鞋

大铐腰带拾叁事。

吟叫在宋代又称"宣唤""吟哦"或韵语说唱招徕市声等，高承在《事物纪原》中专门安排有"吟叫"卷，其中即道：

京师凡卖一物，必有声韵，其吟哦俱不同，故市人
采其声调，间以词章，以为戏乐也。今盛行于世，又谓
之吟叫也。

孟元老在记录汴京卖花人的吆喝时说："歌叫之声，清奇可听"，
吴自牧对临安的"吟叫"也情有独钟，他在《梦粱录》中描述：

和宁门红杈子前买卖细色异品菜蔬，诸般嗄饭，及
酒醋时新果子，进纳海鲜品件等物，填塞街市，吟叫百
端，如汴京气象，殊可人意。

明人史玄所撰的《旧京遗事》中也记录有小贩们在春天的唱
卖细节：

多彩的"天津细画"非杨柳青莫属

京城三月时桃花初出，满街唱卖，其声艳羡。数日花
谢将阑，则曼声长哀，致情于不堪经久，燕赵悲歌之习也。

这唱卖声中充满了对自然、对生活的真挚情感，细细品味，
令人为之动容。

清代，吟叫招徕已发展成为商贩很普遍的广告行为了，曲曲
唱卖的艺术感鲜明，抑扬顿挫，节奏明快，悠扬动听。当时的乡
土风物史料《燕京杂记》中说："京师荷担卖物者，每曼声婉转动
人听闻，有发数十字而不知其卖何物者。"又言："呼卖物者，高
唱入云，旁观唤买，殊不听闻，惟以掌虚覆其耳无不闻者。"好听
的还有老北京六月里卖水蜜桃的唱卖声：

喝了水的来，蜜桃来哎……一汪水的大蜜桃！酸来
肉来还又换来！玛瑙红的蜜桃来噎哎……块儿大瓢就多，
错认的蜜蜂儿去搭窝，亚赛过通州的小凉船儿来哎，一
个大儿、一个大儿、一个大儿的钱来！

在水乡苏州，这里的手工业相当兴盛，大小作坊出品的扇子、
仿真花、紫竹器等美不胜收，街头小贩来来往往，唱卖不迭。特
别是苏州人也很爱鲜花，喜欢买花自戴或装点家居，如此为卖花
人带来了好生意。徐珂的《清稗类钞》中有"苏女卖花"一段，
其中即说：

苏州花圃，皆在阊门外之山塘。吴俗，附郭农家多
莳花为业，千红万紫，弥望成畦。清晨，由女郎挈小筇
篮入城唤卖。

清代杨柳青年画《士农工商》中的街头商贩

　　再有，年画作为民俗生活中重要的艺术形式，历来为百姓所喜爱，过大年总要换上新年画，如若不然总觉得日子过得没滋味。年前大集上、串胡同卖年画的商贩喜欢兴高采烈地吆喝唱卖，图的就是热闹。郑振铎在《中国古代版画史略》（文见《郑振铎艺术考古文集》）中谈到出自乾隆年间抄本《仙庄会弹词》中有关苏州人卖年画的情形，让我们一同去聆听其中的精彩：

　　打开画箱，献过两张，水墨丹青老渔翁，老渔翁朵哈哈笑，赤脚蓬头戴笠帽，手里拿之大白条，鳞眼勿动还为跳。笔法玲珑手段高，苏杭城里算头挑，扬州城里算好老。只卖八个钱，两张只卖十六钱。献过里朵两张，还有里朵两张，《西游记》里个前后本，王差班里个大戏文。大净矮登登，小旦必必文，行头簇簇新，脚色无批评。杨戳三只眼，称为二郎神，托塔李天王，带领众天兵，哪吒手执火枪，脚踏之个风火轮。大闹天宫孙行者，太上老君炼丹炉，炼得那天猇狓小猇狓，逃的逃来奔的奔。唐僧西天去取经，一撞撞见之个老鼠精。献过里朵两张，还有里朵两张，松江来朵大种鸡，一只九斤王，一只黑十二，勿吃糠来勿吃粞，勿吃谷来勿吃米，猫儿一见空欢喜，王鼠郎也拖勿起。毛羽斩斩齐，头儿也傲带起，脚儿立来假山里，得到半夜里，呱呱之介为之啼。秤秤九斤半，斩斩四大盘，七八个朋友吃勿完。只卖得八个钱，两张只卖十六钱。献过里朵两张，还有里朵两张，金银龙凤四大美人。一张金姑娘搭银姑娘，一张龙姑娘搭凤姑娘。金银龙凤四姑娘，四位姐姐一样长。周身衣服俏打扮，有话里朵有商量。头发乌云罩，眉毛湾湾交，面孔水粉桃，眼睛带点骚，小嘴像樱桃。十指尖尖杨柳腰，手里抱个小宝宝。勿哭勿急嘈，是介出托托来里笑。讨价银子值一千，羊肉只卖狗肉钱、烧酒只卖白水钱，只卖一百钱，打对折五十钱，拦腰一甩廿五钱，除掉零头念个钱，抽底拔数十八钱，收摊生意卖本钱，只卖十六钱。拖居起，房门浪当对联，大厨浪弃旧换新鲜，贴贴十来年，颜色勿为嫌，越看越新鲜，譬如吃碗浇头面。

卖者从所卖年画的题材、内容、人物神态，到画的质量、价格等无不一一道来，招揽说辞也十分引人，对于广告民俗研究来说堪称经典"唱段"。

3 津腔津韵唱吆喝

天津自明永乐二年（1404年）设卫筑城，漕运业的兴盛有力地推动了这一地区社会经济的进步。明中叶以后，其势更为迅猛。天津三岔河口侯家后一带、东门外天后宫附近因紧倚运河、海河，漕船和客商停靠便捷，成为水路陆路入津的通衢，人流熙攘，热闹异常，因而形成了店铺货摊林立的商业繁华区。与此同时的集市贸易也日渐增加。宣德至成化年间（1426—1487），天津卫城以鼓楼为中心的集中市就有5处，如鼓楼附近的宝泉集，东门内的仁厚集，西门内的富有集，南门内的货泉集，北门内的大道集。各集一般逢农历不同时日每隔十天左右行集一次，接二连三，市井万千，商机无限。以后，随着社会经济的发展，原有的集市已不能满足需求，城区附近又"添设五集一市"。如：通济集，设在东门外；丰乐集，设在北门外；永丰集，设在张官屯；宫前集，设在天后宫前；安西市，设在西门外。此外，北门外、大直沽也因有地利之便，商贾贩粮颇丰。正德大学士李东阳曾有诗言道："玉帛都来万国朝，梯航南去接天遥。千家市远晨分集，两岸河平夜退潮。"集市贸易为叫卖招徕的发展提供了空间。

清代，天津已成为我国北方重要的经济中心。在社会与商品经济繁荣的大环境中，许多专门化的交易场所随之出现，如粮市、菜市、果市、肉市、鱼市、鸟市、驴马市以及专营旧物的"鬼市"

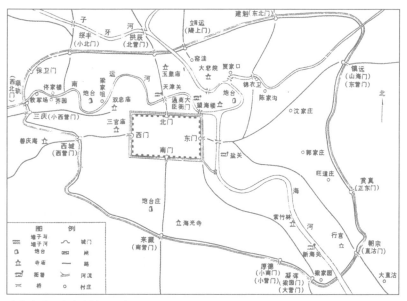

清代中叶天津中心城区示意图

等，衣食住行无所不包，为百姓带来极大方便。也为说唱叫卖习俗的发展提供了空间。五行八作的商贩吆喝起来有拖长腔的，有拉短调的，有高音，有低音，五花八门，各具韵味。说唱与音乐特点运用在津味吆喝中的曲口叫卖，悠扬富趣，正迎合了天津人率真好热闹的性格。

"估衣街上古衣多，高唱裙衫值几何。檐外行人一回首，不往里坐也来拖。"这首传唱于清咸丰年间的竹枝词，生动形象地反映了天津北门外估衣街唱卖吆喝的情形。有言道，生意口，估衣行的嘴，大量的活词运用是津味曲口叫卖的风格之一。卖者把估衣翻过来掉过去，将货品介绍得淋漓尽致，一唱一和，围观者众，那颇具诱惑力的唱词绝不亚于相声段子《卖布头》中的招徕语料。活词需要买卖人的机灵劲儿，讲究因时而异、因人而异。伙计瞧见位阔少溜达过来，赶紧拎起件裘皮袄，嘴里的奉承曲也脱口而出了。遇见图便宜的买主，也能把一件普通衣服夸得比龙袍还好，而价格比破烂还贱。

异曲同工的是卖药糖的唱卖活词。卖糖人挎一玻璃盒子，手持镊子，走街串巷地吆喝："买药糖嘞——哪位吃了药糖啊——又酸还又凉哎——薄荷凉糖。"见孩子们围拢过来，卖者又马上用东北大秧歌的调子填上新词道："买的买来捎的捎——卖药糖的又来了——吃嘛味有嘛味——菠萝香蕉水蜜桃嗨。"

《十月》杂志1981年第4期刊登了著名评剧艺术家新凤霞的一篇文章——《苦难的童年》，文章在回忆儿时生活时深情地描述了民国天津街头卖药糖小贩的吆喝，依旧是晚清的遗风。

> 这个天津，好像到处都有音乐声，连做小买卖的吆喝声，都是有腔有调的。比如有一个卖药糖的，他的吆喝也就很讲究：卖药糖啊！……橘子、香蕉、痧药、仁丹、萝卜、青果、鸭梨败火。吃块糖消愁解闷儿，一块就有味儿。吃块药糖心里顺，含着药糖你不困。吃块药糖精神爽，胜似去吃"便宜坊"。吃块药糖你快乐，比吃包子还解饿……
>
> 这个卖药糖的，当时不过十五六岁。……给他起了个雅号，叫傻二哥！说他"傻灵傻灵"的。
>
> ……
>
> 傻二哥串街走巷卖药糖，最使人注意的是他的吆喝，非常认真的。看见小孩们多了，他就要做吆喝的准备了。先是伸伸腿，晃晃胳膊，咳嗽两声试试嗓子。两只脚一前一后，前腿弓，后腿蹬；一手叉腰，一手捂耳朵，这才放声吆喝了。因为他有一副好嗓子，这时候，就像唱

戏一样高低音配合，都是一套套的吆喝出来，招的很多人看他。

天津老城里卖酥崩豆的吆喝也是津味十足："卖崩豆儿的又来了——这是甜崩豆儿呀，那是咸崩豆儿啊——不甜不咸不要钱，去要钱去买了崩豆儿。甜的是甜，咸的是咸，不甜不咸不要钱，去要钱来买崩豆儿。"

为了生计，一些传统买卖行当往往要像"吃开口饭"的说唱艺人那样，熟练唱卖套词，谁也不愿"哑卖"而挨饿。农历新年期间，津俗吃糕干，以盼来年步步高之吉。卖糕干的人一会儿吆喝"合家欢乐的糕干""大发财源的糕干"，一会儿又吆喝"金玉满堂的糕干""吉庆有余的糕干"等，真是唱到吃主心里去了。买的喜庆，卖的高兴，皆大欢喜。其实，糕干绝无两样，一律包的是馅糕干或杨村糕干罢了，要的就是那口彩儿。

不仅仅局限于卖什么唱什么，风俗掌故、生活写照、历史故事、奇闻逸事等大凡百姓喜闻乐见的，均可成为唱卖"插科打诨"的语料，其目的无非是吸引买主。传说，清末年天津城里有位瘦老头所制的药糖和他的吆喝声同样远近闻名，名曰"独一份"。老人儿化韵的唱卖很能吸引人："天津卫呀独一份儿，我的药糖另个味儿，我越说越来劲儿，家家有点为难事儿，要问有嘛为难事儿？老头管不了老婆子儿。"传说这唱词就是他个人生活的真实写照。另外，一曲卖炒黄豆的童声招揽也表达了一份真挚的情感："做个小本儿买卖嗨，臂挎二斤豆嘞，大街走，酒馆去哎——赚来了铜钱养活妈哟。"

4 巧言善唱卖估衣

估衣是民间俗称的别人穿过或没穿过的旧衣服，其实有的衣服质地、成色并不差。专门经销估衣的摊子、店铺的货品就主要来自当铺，当铺低价打当出来的东西中，往往会有原来价格不菲的高档皮毛服装。

民间卖估衣的历史至迟可追溯至唐代。我们在前文中说过，唐代的一些寺院中积存有大量各界信众所捐的衣物，时间一长有的寺院的僧人就拿出来"分卖"，他们在分卖估衣时往往采用唱卖

估衣摊总不乏买主

吆喝的形式，所以又叫"唱衣""估唱"等。唐代僧人卖估衣的习俗在宋代已深入民间，孟元老在《东京梦华录》中记曰，"瓦中多有货药、卖卦、唱故衣"的行当（瓦，即市场）。到了清代，估衣行在北京、天津等地已蔚然成风，当时《京师乐府词》中的"唱估衣"一段就生动描述了北京市面上卖估衣的情景：

> 古庙官街各成市，估客衣裳不在笥，包囊捆载重如山，列帐当衢衣满地。数人高立声嘘呵，唱衣价值如唱歌，相夸奇服极意志，千衣百裳身上过。手足将疲唇舌燥，欲卖还看衣带票。短长宽窄称其身，缔绣文章从所好。衣新衣旧阅人多，人往人来取衣较。

《燕市百怪歌·卖估衣者》也写道：

> 远闻叫声声，婉转颇可听，衣服两大堆，件件来回经。

天津估衣街早在清咸丰年间就已经形成了。估衣街的兴盛有赖于优越的地理位置，它位于海河三岔口交汇处，发达的漕运业，通畅的水陆路交通，大量的流动人口，这一切都促使估衣街的商业迅速发展。东西走向的估衣街长约500米，宽约5米，西口接北大关，与竹竿巷相对，东口与锅店街相连，南倚北马路，北邻南运河岸。估衣街上云集了瑞兴号、源兴号、德和号、广义永、华盛号等20余家知名的估衣店铺，估衣铺的货源主要来自死当而打当出来的旧衣服，估衣铺低价收买，高价售出，从中牟利。估衣铺在每件衣服下角缀着块小布条，叫"飞子"，飞子上面标示的价格是用暗语来表示的，行内俗称"暗春"，它以"肖、道、挑、

清末天津估衣街

福、乐、前、贤、万、世、青"暗代十个数字，以便向顾客要价。估衣铺每天早晨在门前铺张大苇席，上摆大摞估衣，南腔北调地吆喝着，边说边唱，引人发笑，吸引买主："这件羊皮袄啊——不缺也不残——穿在您身上——保您热得乎啊。"一会儿又拿起一件娓娓道来："这件短马褂呀——绸子里、缎子面，没虫咬、没发霉哎——里外全都新哟——您就捎走吧。"

相声表演艺术大师侯宝林的传统段子《卖布头》脍炙人口，经久不衰，相声中极其形象地模仿了北京、天津一带估衣摊上卖布头的小贩招徕、贩卖的情景。1980年人民文学出版社出版的《侯宝林相声选》就载有如下一段：

哎，这块吆喝贱了吧，不要那么一块，又来这么一块，这块那块就大不相同不一样儿的；刚才那么一块儿那个叫德国青，才要那现洋一块六哇。又来这么一块，这块那就叫那晴雨的商标阴丹士林布儿的——这块士林布买到你老家就做大褂儿去吧，穿在身上，走在街上，大伙儿那么一瞧，真不知道你老是哪号的大掌柜的吧；这块士林布又宽又长，还得大高个，还得是三搂粗的大个胖子，一大四大，大脑袋瓜，大屁股蛋儿，大脚巴丫儿，还得两条大粗腿儿啊，肥肥大大的足以够了；这块士林布，你到了大布店，买了说是你老都得点着名儿把它要哇。到了北京城，讲究八大祥——到了瑞蚨祥、瑞林祥、广盛祥、益和祥、祥义号，廊房头条坐北朝南还有个谦祥益呀——到了八大祥你要买一尺，就得一毛八，没有一毛八你就买不着那这么"细发"这么宽，这么密实这么厚实这么好的。来到我们这摊儿——一个样儿的货，一个样儿的价儿，一个样的行市那谁也不买小布摊儿那碎布头儿零布块儿啊！来到我们这个摊儿，众位有工夫听我们庹庹尺寸让让价吧——一庹五尺，两庹一丈，三庹一丈五，四庹两丈，两丈零一尺这个大尺量就算你打两丈啊！到了大布店——买了一尺一毛八，十尺一块八，二八一十六就得三块六哇。来到我们这个摊儿——三块六不要，把六毛去了它，你给三块大洋两不找哇；三块钱不要，不要不打紧，我是额外的生枝还得让它——去两毛、让两毛，你给两块六；去一毛、让一毛你给两块四；去两毛、让两毛你给两块钱。

这段让人百听不厌的唱卖曲词，虽然反映的是民国年间的市井，但其中的许许多多传承完全是清代中叶以来的积淀，唱吆喝如此经过艺术化的再现成为经典。

5 唱卖吆喝与曲艺说唱

中国曲艺起源很早，至宋代已十分兴盛，据宋人笔记所载，两宋都城中有唱赚、说话、学乡谈、叫果子、学像生等说唱形式，这些曲艺形式植根于民间，从市井风俗、日常生活甚至是行商贩夫身上广泛汲取营养。

具有很强民俗内涵和艺术特征的韵语说唱叫卖形式，在宋代的市场经济环境中已蔚然成风。宋人所称的"吟叫""歌叫""吟哦"之声，不断被民间艺人模仿，它成熟于瓦舍（新兴市场，五行八作、演艺均有）中，进而发展成一种曲艺说唱艺术，受到百姓的普遍欢迎。《事物纪原》中说："京师凡卖一物，必有声韵，其吟哦俱不同。故市人采其声调，间以词章，以为戏乐也。"《梦粱录》卷二十"妓乐"中也云："今街市与宅院，往往效京师叫声，以市井诸色歌叫卖物之声，采合官商成其词也。"也就是说，妓乐艺人模仿市井的唱卖声已制成曲牌、乐典。

早在五代之时，人们就喜欢四季鲜花，养花、卖花、爱花成为良好的民俗风尚，街头卖花者的唱卖声络绎不绝，以卖花人唱卖的词调为基础还形成了《卖花声》曲牌。我们在这里特别要说的是宋代开封卖花人清奇可听的歌叫之声，使得《卖花声》更加丰富完美。在多达数千的曲牌中就有以商贩唱卖吆喝为基础发展而来的名称，除《卖花声》之外，还有著名的《货郎儿》等。民

曲口唱卖者就在这样的艺人身上汲取营养

俗学者刘桂秋曾撰文推测："北曲曲牌中的《叫声》《芙蓉花》《石榴花》《红芍药》《山丹花》《黄蔷薇》，南曲曲牌中的《包子令》《蔷薇花》《奈子花》《好花儿》《石竹花》《菊花新》等，也都可能与叫卖有关。"

另外，南宋时期社会上不仅出现了专业"吟叫"唱曲的艺人，同时还出现了民间团体。四水潜夫所辑《武林旧事》卷六之"诸色伎艺人"中的"吟叫"一条，专门记录了姜阿得、钟胜、吴百四、潘善寿、苏阿黑、余庆等"吟叫"名人，以及吟叫团体律华社。灌圃耐得翁所著《都城纪胜》中的"社会"篇记载有临安民间的一些社会团体，其中也有"小女童像生叫声社"。这里的"像生"是"模仿"的意思。

叫卖说唱发展成为艺术形式让人刮目相看，流传广泛的民间说唱曲牌《货郎儿》颇具典型意义，清代的《白雪遗音》中所录的《货郎儿》唱道：

货郎儿，背着柜子绕街串，鼓儿摇得欢。生意虽小，件件都全，听我声喊——喊一声，杂色带子花红线，博山琉璃簪。还有那，桃花官粉胭脂片，软冠花冠。红绿梭布，杭州绒篆，玛瑙小耳圈。有的是，木梳墨篦，大朝纽扣，玉容香皂擦粉面，头绳似血鲜。新漆的，白铜顶指，上鞋锥子，广条京针，时样高底梅花瓣，并州柳叶剪。

《货郎儿》以后演化出多种类似的曲调，如《正宫货郎儿》《转调货郎儿》等。其中，《转调货郎儿》又与其他曲牌相结合，形成由其他曲调数次转入《货郎儿》的"套曲"，让人百听不厌。

叫卖说唱对曲艺的影响直至清末依然经久不衰。在民间，各种"道情"调古朴自然，声情并茂，江苏流行的道情调中有一段就是以卖梨膏糖小贩的叫卖曲为基础的，名字叫《卖梨膏糖调》，曲中唱道：

山在西，水在东，三山六水在其中。五湖四海皆朋友，人到何处不相逢！俞伯牙相遇钟子期，周文王渭水河边访太公，萧何月下追韩信，刘玄德三顾茅庐请卧龙，桃园结义刘关张，梁山泊百零八将皆弟兄，穆桂英阵前爱上杨宗保，梁山泊十八相送祝九红。自古惺惺惜惺惺，从来英雄爱英雄。为求先生多教诲，余学生今朝拜会各位宾朋……

再有，妈祖（天后）民俗广泛传播于沿海各地，在天津有始建于元代的天后宫，逢农历三月二十三天后诞辰日前后，天津人自发形成的酬神民间花会热闹非凡。清代，经过康熙和乾隆恩赏的天津花会，成为著名的"皇会"，吆喝唱卖也融入了皇会表演中，高跷会的部分唱腔即是如此。高跷会在表演"拉骆驼"造型时的二棒高唱卖花歌道：

  "哎——花盆里面栽的，窗户台上摆的，青枝架哎，绿叶配啊——我吆喝一声呦——迎春花嗨——"

6 响器招徕"唤娇娘"

在招徕市声中，除口头吆喝叫卖之外，响器传音也是商人们重要的广告行为。响器招揽又俗称为"代声""货声"，是以器物发出声响代替叫卖吆喝，或与之并用的广告手段。以响器为代声的广告产生原因大致有两个方面。首先是由商贩的从业形式而定的。行商贩夫，风雨街巷，他们多是靠小本生意赚取辛苦钱，需要不停地吆喝叫卖。为了减少嗓音的疲劳并使招徕具有一定的特色，改用响器代声或与叫卖形式并用，长此以往，约定俗成。第二点是受民俗习惯等方面的约束，比如有些买卖是不便于开口吆喝的，像老北京商市有著名的"八不语"，即剃头、行医、锔碗、修脚、劁猪、绱鞋、粘扇子、卖掸子等行当就不便吆喝。卖掸子的要是吆喝"买掸（胆）子嘞，好大掸子"，听不准会把人吓出点毛病来。修脚的说"给您修修"，

大拨浪鼓是家喻户晓的招徕响器

流金岁月 古人的广告生活

铜碗的说"给您铜铜",似乎也不太礼貌。如果是行医卖药的直眉瞪眼地问"您有病要瞧吗"？弄不好会招来耳光的。如此看来响器正是他们最好的代言。

响器代声的广告行为在我国出现很早，阅读屈原的《楚辞·天问》得知，公元前11世纪，也就是三千多年前，姜太公在没有被周文王启用之前，在朝歌以屠宰为业，姜太公在街市上贩卖时"鼓刀扬声"，招揽顾客。"鼓"就是鸣的意思，"扬声"即吆喝叫卖。姜太公一边使刀作响，一边高声招徕，起到了很好的推销作用。

自东汉以来，民间卖饧糖的小贩常用箫为响器，吹奏出美妙的曲子招引食客，此风沿袭至清末。历代文人对这一富有诗意的市井画面不乏记载，如宋诗《寒食》吟咏道："草包引开盘马地，箫声催暖卖饧天。"元诗《严陵应仲章自杭寄书至赋此答之》也有"柳雾卖饧箫"的说法。清诗《锣鼓》中又说："取次春风催劈柳，卖饧时近又吹箫。"

在南宋都城临安，民间茶肆习惯敲响盏吸引茶客前来。《梦粱录》卷十三"夜市"记："在五间楼前大街坐铺中瓦前，有戴三朵花点茶婆婆，敲响盏，掇头儿拍板，大街游玩人看了，无不哂笑。"鳞次栉比的茶肆热闹非凡，《梦粱录》卷十六"茶肆"就此又记："今之茶肆，列花架，安顿奇松异桧等物于其上，装饰店面，敲打响盏歌卖。"另外，宋代磨铜镜、磨刀剪的人用串起的铁片或铜片制作的"惊闺"来招揽顾客，这种惊闺在当时俗称"拍板"。周密在《齐东野语》中解释说："用铁数片，长五寸许，阔二寸五分，如拍板样，磨镜匠手持作声，使闺阁知之，曰惊闺。"

打击乐器铜锣、云锣等也是商贩常用的响器。元代大都的蒸食铺在清晨营业时就以锣声为号，好像在告诉市民本铺已营业，

市声若沸

若吃快来买。《析津志》中对此民俗有记："诸蒸饼者，五更早起，以铜锣敲击，时而为之。"再有，大都卖糕饼的人也有敲木鱼为市声的，卖陶盆的人则敲响陶盆为市声。

剃头匠手中的"唤头"是最具典型意义的招徕响器之一，传袭数百年至今仍有所见。唤头为铁制，形如一柄大镊子，用铁棍从顶端划出可发出优美的颤音。唤头源于理发业的传统工具镊子，明代《永乐大典》中的净发须知卷内即有"镊子潇洒，身材玲珑"的说法。《永乐大典》在描述剃头匠时又言："肩搭红中，艳色照人金闪烁；指弹清镊，响声入耳玉玲珑。"这里的"清镊"就是唤头。

作为独特的市井风俗，一些有关响器招徕的风俗也融入《金瓶梅词话》中。例如：

> 那人道："蒋二哥，你就差了！自古于官不贫，赖债不富。想着你当初不得地时，串铃儿卖膏药，也亏了这位鲁大哥扶持，你今日就到了这步田地来！"（第十九回）
>
> 李瓶儿交迎春拿拨浪鼓儿哄着他，抱与奶子那边屋里去了。（第五十回）
>
> 我做太医姓赵，门前常有人叫。只会卖杖摇铃，那有真材实料。（第六十一回）

清代是中国广告文化集大成的时代，人们对于广告的认识已相当深刻，民间针对招徕响器的记述与论说也不断丰富，刊行于道光年间的《韵鹤轩杂著》中云：

> 百工杂技，荷担上街，每持器作声，各为记号。修脚者所摇折叠凳，曰"对君坐"；剃头担所持响铁，曰"唤头"；医家所摇铜铁圈，曰"虎撑"；星家所敲小铜锣，曰"报君知"；磨镜者所持铁片，曰"惊闺"；锡匠所持铁器，曰："闹街"；卖油者所鸣小锣，曰"厨房晓"；卖食者所敲小木梆，曰"击馋"；卖闺房杂货者所摇，曰"唤娇娘"；卖耍货者所持，曰"引孩儿"。

清人对于年节期间街上传来的响器的曼妙声更是心醉，赞誉连连，不仅有闲园鞠农的《燕市货声》传世，还有潘荣陛在《帝京岁时纪胜》中的精彩描述：

除夕之次，夜子之交，门外宝炬争辉，玉珂竞响……更间有下庙之拨浪鼓声，卖瓜子解闷声，卖江米白酒击冰盏声，卖桂花头油唤娇娘声，卖合菜细粉声，与爆竹之声，相为上下，良可听也。

五行八作所使用的招徕响器各具特色，但随着民俗与广告活动的多元化发展，一些响器在不同行当间又相互运用，兼而有之，难免让人眼花缭乱。其实，招徕响器大致可分为吹奏类、打击类和弹奏类等，于此选择清代较为常见并广为传袭的响器，粗略地加以归纳。

锣声一响买卖来

吹奏器

箫：卖饧糖的、卖粽子的。

笛：盲人算命。

唢呐：杂耍艺人。

喇叭：磨刀剪的、打铁链的、卖水果的。

打击器

锣：盲人算命的、卖玩具的、卖小食品的、卖油的、卖糖饽饽的、吹糖人的小贩敲小铜锣。走街串巷的及小炉匠携带有架的小铜锣。卖绒线等日用

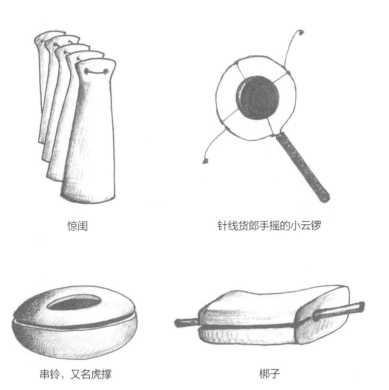

惊闺　　　　　　　　　　　针线货郎手摇的小云锣

串铃，又名虎撑　　　　　　　　　　梆子

杂品的使用云锣。

　　鼓：走街串巷卖日用杂品的、卖布的、卖花样子的、卖小食品的、卖槟榔的人持拨浪鼓。拨浪鼓也有几个一组构成的，俗名"串鼓"。另外，收细软旧物的打硬皮小鼓，小鼓直径寸余，声小而尖。收废纸的、收旧衣服的、卖炭的打大扁鼓或摇大拨浪鼓。

　　铃：粘扇子的摇铃。行医卖药的使用串铃（俗名"虎撑"）。卖线的、磨刀剪的、卖洋货的也有摇铃的。

　　梆子：卖油郎敲大梆子，早晨卖点心、面食的打小梆子。

　　拍板：修脚的、卖挖耳勺的击竹板。磨铜镜或刀剪的携带铁片或铜片所制的拍板（俗名"惊闺"）。

　　盏：卖茶水的敲茶盏。卖冰的、卖酸梅汤的、卖雪花落的、卖糖葫芦的、卖江米酒的敲铜盏（俗名"冰盏"）。

镊：剃头匠拨打发声（俗名"唤头"）。

弹奏器

三弦：盲人算命弹三弦。

胡琴：卖胡琴者自弹自演。

另外，民间还有不少行当是卖什么就使用什么发出声响，或敲打相关的物品，招揽买主。如卖陶盆、瓦盆的敲盆，卖空竹的抖空竹，卖算盘的摇算盘，弹棉花的弹弓，焊壶补锅的敲破壶破锅等，不一而足。

第三章

古人的广告生活

1 自相矛盾的招揽

自相矛盾的故事出自春秋经典《韩非子·难一》中：

> 楚人有鬻盾与矛者，誉之曰："吾盾之坚，莫能陷也。"又誉其矛曰："吾矛之利，于物无不陷也。"或曰："以子之矛陷子之盾，何如？"其人弗能应也。夫不可陷之盾与无不陷之矛，不可同世而立。

这则寓言是说有一个卖长矛和盾牌的楚国人，他为了推销自己的矛和盾，先夸耀他的长矛非常锋利，不管什么东西都能刺穿。后来又吹嘘自己的盾牌很坚固，不管什么锋利的兵器都穿不透。这时，旁边有人问他："用你的矛刺你的盾，看看怎么样？"卖者无言以对了。

我们抛开其中的寓意不谈，看看发生在售卖活动中的核心情节是什么呢？是矛和盾作为实物广告的展示招揽和卖者自我标榜的话语。这两种广告手段的并用，让自作聪明的、急于出货的卖者反而自相矛盾起来，弄巧成拙了。由此可知，上述推销与广告手段在春秋时代已得到了较为广泛的运用，成为民间经济活动中的平常之举。

2 伯乐的名人效应

利用名人做广告在现如今就像早晨的一碗豆浆和两根油条一样，是挺平淡无奇的事。可是读者诸君能想得出，2000多年前的伯乐在马市上朝一匹马瞧了一眼后是怎样的情形吗？

伯乐是春秋秦穆公时的人，本名孙阳，因擅长相马而闻名遐迩，所以有人借用神话中掌管天马的星宿名伯乐来称呼他。《战国策·燕策二》有记：

> 人有卖骏马者，比三旦立市，人莫知之，往见伯乐，曰：臣有骏马，欲卖之，比三旦立市，人莫与言。愿子还而视之，去而顾之，臣请献一朝一贾。伯乐乃还而视之，去而顾之，一旦而马价十倍。

这是桩趣事：有人到集市上去卖骏马，不知为什么一连三天都无人问津。此人发愁之时想到了他的好朋友伯乐。伯乐在当时的名人效应或许不逊于今天的NBA明星，他在马市一出现立刻吸引了众人的目光。只见伯乐围着他朋友的马转了一圈，看了看，走开后又故作姿态地回头望了一眼。还没等伯乐的目光收回，周围的人立刻就围上来争抢着要买那匹马，马的价格顿时翻了十倍。

如此不正是名人广告的价值吗？说句玩笑话，即使是九成的收益给伯乐可能也不多。后人对伯乐相马的"广告行为"也不乏感触，宋代的王观国在《学林·铜斗》中就说："凡物不以美恶，稍为名士所称，遂以可贵……所谓伯乐一顾，其价十倍。"

这虽然是《元亨疗马集》中的插图，但画中人一定是如同伯乐般的懂马人

3 挂羊头卖狗肉

"挂羊头卖狗肉"是比喻表里不一、名不符实的人和事。这句俗语最初是由古代商人的招幌广告行为引发而来的。成书于战国时代的《晏子春秋》中记了晏子的一句答话：

> 君使服之于内，而禁之于外，犹悬牛首于门，而鬻
> 马肉于内也。

这句话虽然是说要使臣民从内心信服，就需要表里如一的意思，但从另一个侧面反映了春秋时代商家卖什么挂什么，以实物广告招揽生意的习俗。后来，"悬牛首卖马肉"在宋代的僧人口中逐渐演化为"悬羊头卖狗肉"了。

关于"挂羊头，卖狗肉"的由来在河北民间还流传着另一个有趣的传说版本。说很久以前，有个叫张诚的山西商人特别爱吃狗肉。一年，他前往西域贩马途经一座小镇，在一家狗肉店酒足饭饱后，又花银子买下了小店门前的大黄狗，准备路上吃肉。不想没走多远，张诚便醉倒在草丛中酣睡起来。谁知道那店主却早有歹意，一直尾随着他，此刻正欲行窃。但是，已经易主的大黄狗却不让这见利忘义的旧主靠前，于是，店主索性放火烧着张诚四周的茅草。大黄狗见怎么也叫不醒张诚，就一遍一遍地跳到旁

古代商人的买卖兴隆

边的小河沟中，用自己湿透的身子打湿茅草，不让火势烧到张诚。最后，直到店主快快而逃，大黄狗也筋疲力尽地死去了。

待张诚酒醒之后，虽然不明白缘何起火，但深知是大黄狗救了他。他旋即又回到那个小店，拿出所有的钱让店家放掉那些待杀的狗，要求他从此以后改卖羊肉。张诚还亲自为小店买了羊，并将一只羊头挂在店门口作幌子。但店主依旧很贪心，他卖掉那些羊，失信照旧杀狗卖肉，又怕张诚哪天再回来发现，所以并没有摘下羊头，仍暗卖狗肉，从此也就留下了"挂羊头，卖狗肉"的俗语典故。

汉承秦制，统治者虽然照旧实行重农抑商的政策，但由于当时生产力的发展，社会产品的丰富，以及各地经济存在的差异，这些都需要商业的调剂和流通，另外重要的是商业利润的驱动。所以，抑商政策并没有影响汉代商业的较快发展，风俗市相也更趋丰富。

汉代人喜欢喝酒，且酒量很大。《汉书》即云："酒者，天之美禄，帝王所以颐养天下，享祀祈福，扶衰养病，百福之会。"民间饮酒也很普遍，各种宴饮的场合、风俗很多，有"百礼之会，非酒不行"的说法。与汉代人嗜酒相应的是酒肆作坊在城市、乡镇的遍布。四川彭县曾出土一块汉代画像砖，画中可见一处酒肆的风貌。画面下部绘有几个并排放置的酒瓮，中部另有一个大瓮，似储藏着待售的美酒。画中一人在瓮旁取酒售酒，好像在夸耀着什么，一人前来购买。另一块再现酒舍的画像砖也可以清晰看到门口高挂的酒旗，充分显示了广告吸引顾客的经济功能。

《史记·司马相如列传》载，司马相如带着卓文君来到成都却无以为继，故返回临邛并开了一家小酒店谋生。因"文君姣好，眉色如望远山，脸际常若芙蓉，肌肤柔滑如脂"，所以司马相如让卓文君当垆卖酒。垆，就是酒铺在店里或门口安放酒瓮的土台子。卓文君坐在垆边，以她的美色吸引着过往的客人来买酒，最大限

文君當壚賣酒

古本插图《文君当垆卖酒》

文君街边卖酒，或许不用挑那招旗就足以招徕了

度地拉近了酒与顾客的距离，从而提升了实物的宣传广告作用与诉求的直接性。

文君当垆的行为对后世颇有影响，《世说新语》中就有晋代人"阮公邻家妇有美色，当垆沽酒"的故事。阮公与美妇推杯换盏，酒过三巡，菜过五味，最后竟醉睡在妇人身旁。

汉代人是很会做生意的，他们不仅沿街当垆卖酒，另外还有悬壶卖药的推销手段。"悬壶"就是古代医家行医时所挂的广告招幌标识。传说自东汉时代就有仙人"悬壶于市"的记载，《后汉书·费长房传》中道："市中有老翁卖药，悬一壶于肆头。"后世，"悬壶"一直作为挂牌行医的代称，相形之下的"悬壶济世"则用来赞誉医德高尚。明代汤显祖《牡丹亭·还魂记·延师》中就有"君子要知医，悬壶旧家世"的提法。另外，古代兽医也套用了医家悬壶为幌的行为，在门前同样挂着壶瓶模型。元代熊梦祥的《析津志》即载："兽医之家，门首地位上以大木刻作壶瓶状，长可一丈，以代赭石红之。"

5 铜镜上的广告词

　　爱美是女人的天性，对镜梳妆是她们生活的一大乐趣。古代女子妆容使用的铜镜一般由铜、锡、铅、银合金浇铸而成，堪称精美的工艺品。中国铜镜的历史从目前发现的实物来看，可追溯到齐家文化（公元前2000多年）时期。至春秋、战国，铜镜的发展进入了鼎盛时期，此时的铜镜以圆形为主，品种多样，精致小巧，背面较少出现铭文。到了汉代，铜镜的发展进入第二个繁荣时期，从造型、纹饰、内涵到铸造工艺均有了惊人的进步。随着铜镜的普遍使用，它的商品性质更加显著，自此也产生了市场竞争。各地的铸造者、经营者纷纷在宣传自家产品上下功夫，具有明显广告意义的文字随即出现在汉代铜镜背面的铭文中。

　　据2005年5月的《收藏快报》报道，收藏家黄正东珍藏有一面西汉中晚期的铜镜。这面铜镜直径11.5厘米，低圆钮，钮座四周有柿蒂纹饰，座外凸起一圈宽弦纹，以两圈栉齿纹构成铭文带。篆体铭文为"内质以昭明，光象夫日月"的广告语，每个字之间有一近似"而"字的纹饰点缀，和谐庄重之间不失宣传的意趣，令人爱不释手。

　　我国铜镜铸造的第三个鼎盛期是在隋唐时期。唐代铜镜铸造精细，工艺华美，种类繁多。进入宋代以后，受战乱和时局的影响，铜镜的发展受到了一定的影响。北宋靖康二年（1127年），金

铜镜映照着女子的娇颜

铜镜背面上铸有漂亮的铭文

湖州镜背面的铭文被框起而成的商标

汉代光明镜图样

兵南下，北宋灭亡。南宋迁都临安后，与临安相邻的湖州以山水
清远之美吸引着王公贵族和士大夫们，成为他们留恋、寓居的家
园，因此也促进了当地商业、手工业的繁荣，湖州的铜镜铸造业
随之崛起。湖州铜镜的铸造者为了更有效地推销自己的产品，没
有过多沿袭汉唐铜镜装饰的遗风，而追求简洁大方的格调。湖州
铜镜背面所铸的广告语词、商标等更为显著，铭文常用当时流行
的宋版书体字，标在长方框内。各类铭文所侧重的角度也不尽相
同，如：

　　店号、作坊名称："湖州石十五郎炼铜照子"。这里
的"石"指石家，"照子"即镜子，因避赵匡胤之祖名讳
而改称。

　　提示顾客谨防假冒："湖州真石家二叔店照子"。

115

推崇祖传之制，吸引顾客："湖州承祖石家十郎青铜照子"。

指示店址，方便顾客："湖州仪凤桥南酒楼相对石三真铜照子"。

标明重量，明确计价："每两二百足"（南宋铜镜常以重量计价）。

通过上述铭文可知，以湖州为代表的南宋铜镜的简洁铭文大体具备了近代广告的基本要素，也许正是由于铭文的推广作用，使得当时铜镜产量很大，销路甚广。铜镜研究学者周颖曾在2002年的《中国文物报》上撰文说："在浙江全境、江西、湖南、四川、广州、福建、内蒙古、吉林、黑龙江都发现有湖州镜，以至现在日本、朝鲜都有湖州镜出土。"看来，湖州铜镜在南宋时期可谓响当当的"国际品牌"了，当然，铸造者的广告铭文之举功不可没。

二十多年前的时候，笔者听到一句来自台湾的广告语——请大家告诉大家。广告语很经典，经典在于创意者深谙广告与大众传播关系的真谛，暗示了一传十，十传百的道理，因为广告的发散所产生的价值实在难以估量。话说回来，一传十，十传百，有时也能把假传成了真，捕风捉影的事也会让人有所举动，就像多年前的抢购风那样，食盐都快赶上香油价了。别说，在北魏时期还确有一段类似的故事。

北魏洛阳城里的一个僧人在挖掘旧墓的时候，挖出了一具十几年前的尸体，这本是件平常事。然而，僧人来到卖棺材的店铺里对店家煞有介事地说："如果做柏木棺，加工时就不要掺杂其他的木料。"店家听罢满头雾水，僧人又解释说，他这是在地下听他所挖出的那个死人说的，用柏木棺本来是可以免除死者受刑罚的，但那个人的棺材用料不纯正，夹杂有别的木料，所以不能免除刑罚。

棺材店的人信以为真了，他们进而想到了生意，于是逢人便传说此事，很快，这个荒诞不经的故事在洛阳城里城外就传开了。随之而来的是人们生怕来世在阴间受苦，纷纷抢购柏木棺材。柏木价一日三高，经营者获利颇丰。

还有一则北魏商人的广告故事，记载于《洛阳伽蓝记》中。

说洛阳城有个善酿美酒的人叫刘自堕，他的酒醇香无比，久贮不变味，脍炙人口。当时洛阳城时常有官员要到外地去赴任，这送行的酒总是要喝上几杯的，于是刘自堕便聪明地借此称其酒名为"鹤觞酒"。又说有位刺史路遇劫匪，贼人喝了刺史随身所带的刘家酒而大醉，因此被擒获，刘自堕闻知此事又将酒命名为"擒奸酒"了。

广告的发散效果有时需要头脑，需要创意，按时下流行的东北话叫"忽悠"。当然，广告还是讲求真实为好。

7 现存最早的铜印版

现珍藏于中国历史博物馆的山东济南刘家功夫针铺雕刻铜印版是北宋时期的文物,在我国乃至世界工商业史、广告史上均有着重要的价值。

济南自唐代逐渐繁盛,北宋年间当地的商业已较为发达,政和六年(1116年)济南升州为府后,纺织、冶铁等手工业也有了长足的进步。济南民间传说,刘家功夫针铺的主人系章丘县人,祖辈是铁匠出身,曾在历下后宰门街开办制针作坊,后来又在热闹的芙蓉街设店经营。进入宋代时,针铺已经历了四代人,产品大量销往江南一带,并有多家分号。金灭北宋,攻陷济南,几经战乱,民不聊生,刘家功夫针铺也难逃厄运,如同许多商号一样,很快衰微下来。

北宋遗存的刘家针铺印版宽12.5厘米,高13厘米,印刷出来就是一份古朴的仿单广告。古人睿智,印版的版面设计颇具创意,图文并茂之间以脍炙人口的白兔捣药图为中心,标题、广告

刘家功夫针铺印版

119

语、说明文字在"井"字形线框结构中的布局严谨大气，上方立冠处采用阴底阳字的形式，突出了"济南刘家功夫针铺"的店号名称，中心白兔捣药图作为标识引人视线，两侧再附以"认门前白兔儿为记"的字样。下部的广告语也言简意赅，清晰明确：

收买上等钢条，造功夫细针，不偷工，民便用，若被兴贩，别有加饶。请记白。

在这不足30字的告白中，针铺的信誉、经营方法、优惠政策等均表达得清楚、可信。语言的朴素感吸收了传统叫卖广告的优点，好像是在与顾客直接对话，具有亲和感。尤应提及的是白兔捣药商标，它并未局限在静态的白兔形象上，而是将白兔拟人化、动态化、寓意化。白兔手持药杵，于钵中捣药，在这充满力度与耐心的动作中，人们自然会想到杵与针、针与杵之间的关联。针之耐磨，针之力度，针之质量，均为"功夫"所制，如此品牌魅力怎不让人称道呢。

刘家针铺印版与仿单的产生是隋唐时代雕版印刷发明以来，作用于工商广告最直接的例证。该印版原藏于上海博物馆，据有关资料显示，当年的陈列说明载："在宋代，除了用木版印刷图书以外，也已能雕铜版，以便大量印刷之用，如商店广告和国家纸币的印行，往往是铜版印的。"济南刘家功夫针铺印版被史学界认定为目前所知的我国现存最早的印刷广告实物。

宋代印刷术传出国门以后，德国在1455年、英国在1473年前后才开始出现印刷广告传单，这比起刘家针铺的印版或仿单来，该是小巫见大巫了。广告史上的里程碑之作——济南刘家功夫针铺印版（仿单）足以让我们自豪。

8 神医妙药广告传名

传统中医药乃国粹，我国古代医药广告也兴起较早，至宋代已呈现出多姿多彩的人文风貌。以《清明上河图》为例，画中描绘的赵太丞家既治病又兼售生熟药材，店门前竖起的坐地式广告招牌高出屋檐，向路人介绍着各种丸散膏丹的神奇功效，具有很强的传播作用。不仅如此，宋代的一些医生为惹人耳目，在招幌上还经常有出奇制胜之举。南宋的御医王继先祖上传有一份名叫"黑虎"的丹方，十分灵验，他借此便以"黑虎王家"作为招幌，大肆标榜。另传说，在古饶州有位高姓人，祖传专治痛风的药品，他坐庄设诊之初不为人所重，上门求医者门可罗雀。不知是何方高人的创意，让高家在店门前设一标识广告，图画为一个大力士手执叉钩，牵一头黑猪，意寓"高屠"。人们见到此标识，联想到医者和药品莫非真的具有这样的神力，如此传来传去，越传越神，前来医病抓药的人便络绎不绝了。

皇宫内的御医千百，民间再好的名医一般很难近前，但疾患之痛可不好说，宫中的千年雪莲、万年山参或许顶不上民间的一剂"土"药，说不定哪一天哪位医生就用此药为皇上治好了病，不用说，他必定会在一夜之间扬名的。临安城的严某坐堂行医，专治痢疾，许多年也默默无闻，病人不多，勉强糊口而已。不承想，有一次宋孝宗患了久治不愈的痢疾，严某有幸应召入宫，出

西方画家描绘的清代药材庄

平意料的是，孝宗只吃了一服严某的药就止泻了。孝宗大喜，特授严某为防御官医，并赐金杵臼。后来，严家趾高气扬地在店前亮出了"金杵臼严防御"的招牌，引得满城有病的、没病的百姓蜂拥而至，佳话如云。

还有一段传说是说有位姓陈的医生，曾治好过宋高宗爱妃的疾病，高宗亲赐御前罗扇犒赏。陈家视此罗扇为传家宝，倍加珍重。陈氏子孙后来各自立业兴家，分散在江浙各地行医，可那御前罗扇是不可分的，于是陈家各支堂分号便在各自门前均竖起一把仿制的罗扇来招揽患者，效果奇佳。

宋人洪迈在《夷坚志》特别录有一则治疗暑热腹泻药的广告词，文道：

> 暑毒在脾，湿气连脚。
>
> 不泄则痢，不痢则虐。
>
> 独炼雄黄，蒸面和药。
>
> 甘草作汤，服之安药。
>
> 别作治疗，医家大错。

这段广告词直切患者的心理，四字一句，将药品的药力、成分、疗效、服用方法等，简洁明了地介绍出来，让人读起来易记上口。

9 潭州票报印"高"牌

"票报"又名"裹贴",是古人用来包装商品的纸制印刷品,它具有包装和张贴说明的双重作用,我国考古发现的裹贴的历史可追溯至西汉时期,为丝质品的包装纸。票报或裹贴印刷品堪称现代海报的雏形。1985年10月,在湖南沅陵双桥的古墓发掘中,一份元代大德年间印刷的票报广告惊现在人们眼前,这是继北宋济南刘家功夫针铺铜印版被发现后,我国广告史上的又一重大发现,填补了宋至明清之间缺乏广告实物的空白,也是世界上迄今发现的最早的纸质印刷广告实物。

元代的潭州(今湖南长沙)已成为发达的商埠城市,《马可·波罗游记》中就对此地赞美有加。元代诗人陈孚的"百万人家簇绮罗,丛祠无数舞婆娑"的吟咏,也是对古城繁华市井的精彩描述。

该票报是潭州一家油漆颜料作坊的广告,印刷在淡黄色的毛边纸上,高33.5厘米,宽25.5厘米,考古人员曾按原来的折痕折叠成长方形的纸包。广告为竖式,纸面有朱红印记和刻版文字,图形结构分为左右两部分,各有外框装饰。外框由二方连续纹样组成,并在框的上部加有似如意花头的图案,下部为莲花图案。右立框内从右至左竖排的广告文字为:

潭州升平坊内白塔街大尼寺相对住危家，自烧洗无比鲜红紫艳、上等银朱、水花二朱、雌黄，坚实匙筋。买者请将油漆试验，便见颜色与众不同。四方主顾请认门首红字高牌为记。

广告文中列举了几种油漆颜料名称，如"水花二朱"就是类似朱砂的油彩。另外，"坚实匙筋"为当时油漆所用的一种工具。这份堪称稀世之宝的广告纸具有很高的历史价值，仅仅是广告文字的历史文化内涵就足以吸引读者的视线。"请认门首红字高牌为记"之词与当今"认明××商标"具有异曲同工之处，这家店铺将门首的"高牌"漆成红色，对消费者和路人而言有很强的视觉和心理影响力，因为红色的波长较长，是最具可见度的颜色之一，远远即可望见。另外，商家采用"高"字为标识，也是匠心独具的创意。从商业角度而言，"高"具有许多美好的象征，高等、上乘、质量、品位等，皆与之关联。从民俗的方面来说，步步高升、志存高远等吉祥词语也与之吻合。"高"字商标的运用，其诉求点很有针对性地迎合了顾客的心理，言简意赅，起到了事半功倍的品牌宣传作用。

图书精彩的缩影

大藏书家毛晋在墙上书写广告，求购书籍

书籍刊印出来就需要传播、推销，图书广告主要是著作人、出版者通过宣传、推介出版信息以得到读者青睐。早在秦汉之时，著名的《吕氏春秋》和《淮南子》就曾挂在闹市街头让百姓阅读，请大家提出意见，以利修改。

古代的图书广告大多数附刊在书序前或书后，俗称"牌子"。清代中叶以来，随着报纸等新兴媒体的出现，图书广告的登载使得文化出版信息有了更广泛的传播范围。

《古今通要十八史

略》是著名的元代刻本，由余氏勤德堂刊印，封面上的广告词言：

> 通略之书行世之矣，惜其太简，读者憾焉。是编详
> 略得宜，诚便后学，以梓与世共之。

很明显，这段文字采用了对比的方法，直接指出了以前同类书籍之弊，对已行世的通要史略之书"惜其太简"。相比之下，这本书则能弥补他刊的不足，"详略得宜，诚便后学"，因此精心刊印出来，与天下学人共享，寥寥数言，直贴读书人的心理。元代出版者将这段对比式广告文字中的"贬"运用得恰如其分，并非像今天某些广告的言辞中透射或隐含着同行间的切齿之痛。

明代以来，我国的雕版印刷业有了长足的发展与进步，百姓对文化的需求促使各类书籍的印量不断增大，出版者之间的竞争也随之加剧。书商不断采用或图画或文字的形式来宣传自己的书籍，推广文化的同时力图获取更多的利润。

明弘治十一年（1498年）刊《奇妙全相注释西厢记》的底页上刊印了这样一段文字：

> 本书坊谨依经书重写绘图，参订编大字本，唱与图
> 合，使寓于客邸，行于舟中，闲游坐客，得此一览始终，
> 歌唱了然，爽人心意。

简洁优美的广告词将新编此书的缘由、立意、特点及阅读的方便所在等讲述得绘声绘色，明明白白，具有一定的说服力。

明万历本萧山来氏的《宣和印史》在序前的广告云：

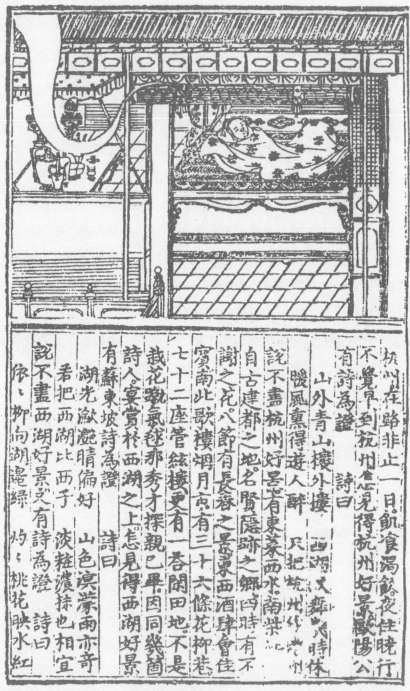

依依柳向湖邊綠，灼灼桃花映水紅
說不盡西湖好景又有詩為證　詩曰
君把西湖比西子　淡粧濃抹也相宜
湖光瀲灩晴偏好　山色溟濛雨亦奇
有蘇東坡詩為證　詩曰
詩人宴賞於西湖之上怎見得西湖好景
裁花載氣越那秀才探親已畢因同幾箇
七十二座管絃樓更有一番閙田地不是
寶南此歌管絃樓洞月京有三十六條花柳巷
謝之花八節有長綠之景東西酒肆會佳
自古連都之地名賢隱跡之鄉嘗有不
說不盡杭州好景有東菜西水南柴北米
暖風熏得遊人醉　只把杭州作汴州
山外青山樓外樓　西湖歌舞幾時休
有詩為證　詩曰
不覺早到杭州且去見得杭州好景歐陽公
杭州在路非止一日飢飡渴飲夜住曉行

明刊本《新刊大字魁本全相參增奇妙注釋西廂記》第五卷的卷首

明刊本《新刻芸窗汇爽万锦情林》书影

《文美斋诗笺谱》书影

宝印斋监制《宣和印史》，夹连四棉纸、墨制、珊瑚朱砂印色复印，衣绫套，藏经笺面，定价官印一套纹银一两五钱，私印二套纹银三两。绝无模糊、倾邪、破损。敢悬都门，自方《吕览》。恐有赝本，用汉佩双印印记，慧眼辨之。

宝印斋在广告中将《宣和印史》的特色——道来，还郑重说明了以专有的"汉佩双印印记"来防止、区别盗版。不仅仅是宝印斋，崇祯插图本《月露音》也在书后正色道：

杭城丰乐桥三官巷李衙刊发，每部纹银八钱。如有翻刻，千里必究。

看来，盗版之患在明代已成为一定的社会问题，不然的话难有"千里必究"之志。

清光绪三十年《时报》上刊登的《最新卫生学》及《新小说报》出版的广告

另外值得注意的是，民间笔墨庄、纸局在出版图书的同时，有时也顺便在书后加印几行自家的商品广告，具有很直接的针对性。如宝印斋在《宣和印史》书后广告：

> 宝印斋监制珊瑚、琥珀、真珠、朱砂印色，每两实价五钱；朱砂印色，每两实价二钱。

乾隆末年，天津三树堂所刻的两卷医书《达生编》的书末即标有"此版本存天津东浮北司衙门口文汇斋刻字铺，如愿印送者，每本工料大钱二十五文"的广告，如此文字对该书的进一步印行传播起到了重要作用。

清末，天津城市飞速发展，社会文化的需求日趋迫切。光绪十二年（1886年），天津首家中文报纸——《时

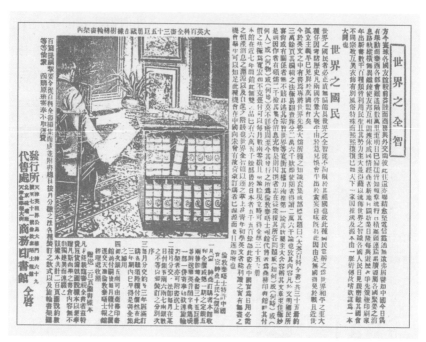

35册厚厚的《大英百科全书》确为巨制

报》创刊，该报增刊广告后不久，一则"加批红楼梦图咏出售"的书籍广告跃然版面，令人耳目一新。广告词晓知读者：针对《红楼梦》版本良莠不齐的情况，编者诚请画坛高手精心绘图，详细校对，欢迎赐顾，此书在文美斋南纸局及苏沪各书坊代售。另外，张焘所著、成书于光绪十年（1884年）的《津门杂记》是天津地方史重要的文献之一，《津门杂记》等典籍亦由文美斋代售，其广告也出现在同一时期的《时报》中。

天津各大报馆、纸局、笔墨庄等一直是北方出版业的重要力量，素具影响。时报馆、大公报馆、北洋官报局等，文美斋、杜经魁、戴月轩等，时常通过广告的形式向读者传递文化信息。光绪三十二年（1906年），泰晤士报馆、（天津）商务印书馆连续在《大公报》刊登广告，宣传其发行、代售的《大英百科全书》。通过老广告得知，时报馆曾两次刊行张焘的《海国妙喻》，此乃《伊索寓言》在我国早期的重要译本之一。北洋官报局除出版几种官报外，还印行过三百卷本《畿辅通志》《直隶工艺志初编》等。天津求古堂新旧书铺于光绪三十四年（1908年）十月在《大公报》上，刊登了这样一则推销书籍广告：

> 庚子乱后，书籍散亡，元刊旧椠，价昂百倍。本堂主人念搜罗之不易，叹商贾之居奇，因广筹资本，分赴各省购求名刻古本，汗牛充栋，几于大备，售价又一概从廉，以为好古之助……兹择于十月二十七日新张于北门内，务望光顾，以证不欺。

⑪ 印刷品广告自仿单滥觞

目前所知的古代印刷广告实物的历史可追溯到隋朝初年，据文史资料介绍，在20世纪初的时候，新疆吐鲁番遗址曾出土了一张高昌国的"告白"残纸，上面的文字是在提醒行人要注意某家所养的恶狗，以免被咬。欧洲的汉学家认为它是中国古代最早的印刷品，而我国历史学家在后来经考证则认为此件为手写之作，莫衷一是。另据王伯敏所著《中国版画史》介绍，元至元九年（1272年）的一家叫万柳堂的药材庄铜印版可知，该仿单画面中有两个人，一个人气喘痛苦不堪，另一个人手拿药品，精神十足，并配有"气喘""愈功"等文字，说明了药品性质、功效等，图文并茂，很有说服力。

我们在前文曾提到过海报广告的雏形——元代潭州的"票报"和北宋济南刘家功夫针铺的印版，它们都是中国古代印刷广告重要的开山作品。与"票报"、刘家针铺印刷品在形式上类似的还有古代商家经常使用的"仿单"。仿单就是介绍商品的性质、用途、使用方法的说明书，常附在商品包装内。有的商家为了扩大宣传，并不局限于放在包装内，因而出现了单独印刷广为传阅的、类似现今宣传单的仿单。

清代中叶以来，仿单广告特别被一些药材商人看好，他们在药包内外常附一纸木版印的仿单。俗话说，人命关天，办事严谨的药铺发药时每味一包，包内附着印有此种药材名称、药性简单文字及图画的小仿单。粉红色的纸片如火柴盒大小，同时，数个药包又捆成一个大包，包上再附一份约十几厘米见方的大仿单，与药包一同捆扎好交给顾客。另外，随着印刷工艺的进步，仿单由最初的木版印发展为相对工细的石版印，字迹更为清晰整齐，一目了然。

药材庄之间的竞争与假冒药品的不时出现，促使不少老字号在传统仿单的模式基础上，不失时宜地加入相关的宣传内容，大字标明堂号，详细地址。不仅如此，有的药材庄还在显著位置特别注明"百年正庄老号""仅此一家"之类，明示顾客，广而告之。仿单的广告宣传作用日趋加强，又兼具一种信誉保证书或"仿伪"标签的性质。

自古欺世盗名者不乏其人，无奈的商家将宣传广告移入这纸仿单，以告白民众。仿单成为取信于民的重要形式。

自乾隆年间天津东门里润善堂开办后，至嘉庆道光年间，此

中药包上加附有仿单

春永堂仿单

地的中药店铺迅速发展，竞争日趋激烈。早年，天津天后宫庙市热闹非凡，庙内春永堂的光明眼药可谓一宝，该药以药效奇速，适用范围广而赢得了极佳的口碑，家喻户晓。春永堂的仿单有言："祖传光明眼药，主治男女老幼远年近日气朦火朦，胬肉攀睛，迎风流泪，云翳遮睛等七十二症，药到病除，屡试屡验，各省驰名。"光明眼药的生意红红火火，但不乏欺世盗名者毁誉坑人，为此，春永堂在仿单上广而告之："本堂开设天津东门外天后宫后院大殿旁斗姥殿内，赐顾诸君，请认明'乾隆金钱'商标为记。"同时，仿单再次标明："注意屋内挂金钱商标便是真。"春永堂特别在仿单广告中印上自家的商标图案，这在老仿单中并不多见，广告意义凸显其间。春永堂店内外所悬的标识、招幌与仿单所印商标图案完全一致，具有鲜明有效的宣传意义。

不仅仅局限于药村庄，其他行业也纷纷用仿单来做广告。下面就是几张清代仿单上的广告内容：

杭州老三泰琴弦店

祖传李世英按律法制太古琴弦、缠弦，各式名弦，一应俱全，发客。老辅历百余年，并无分出。凡士商赐顾者，请认杭省回回堂下首，积善坊巷口老三泰图记，庶不致误。

北京桂林轩脂粉铺

桂林轩监制金花宫脂、西洋干脂，小儿点痘，活血解毒；妇人点唇，滋润鲜艳，妙难尽述。寓京都前门内棋盘街路东，香雪堂北隔壁。赐顾请详认墨字招牌便是。红字套冰梅蓝花边。

徽州胡开文墨店

苍佩室墨赞：珍称墨宝，驰誉艺林。苍佩之宝，触目球琳。元霜质粟，紫云老沉。延珪而后，此其嗣音。泼纵似海，惜本如金。龙宾十二，助尔文心。道光丁酉春秋，春叔孙日萱书于海阳书院之求寡过斋。

扬州卢葵生漆器店

其砚全以沙漆，制法得宜，方能传久下墨。创自先祖，迄今一百十余年，并无他人仿制。近有市卖都假冒，不得其法，未能漆沙经久，倘蒙鉴赏，必须认明砚记图章、住址不误。住扬州钞关门埂子街达士巷南首古榆书屋卢氏。

12　古人的广告设计理念

　　随着木版印刷术的兴起和社会商品意识的增强，中国古代商人很快开始运用木版印刷的方法，印制出大量实用美观的宣传品，从最初的小戳记、标识开始，到后来的"门票"、仿单等，广而告之。古今广告均以视觉要素与构成形式为重，古人的宣传思想是在商品活动中逐步完善的。

　　传统的广告老印版在最初很长时间是重文轻图的，明了简洁，规整统一。在上中部位置突出字号名称的同时，陈述性的文字一般密布于整个版面，不乏呆板乏趣之嫌，如："本号开张至今百余年，址在东门内大街，自制满汉茶食，驰誉已久，干鲜果品糖食糕饼一应俱全"等，大同小异。其中，较为关键的是"凡赐顾诸君请认明字号"或"别无分号，如有假充，男盗女娼"之类的告白。

　　重在文字的设计观念与古代商业文化思想的影响是密不可分的。以诚取信、以义取利的信条根深蒂固地左右着一代又一代商人的思维，加之古代社会对商业的轻视，商家认为能直白详尽文字就足够了，毕竟当时竞争的压力是微乎其微的。促销思维上不哗众取宠的形式与方法，致使以商品为先导的构思与图画等受到束缚与轻视。然而，从门面的幌旗、招牌发展到印刷宣传品，就是古人在宣传行为上迈出的这一小步，对中国传统商业的发展也

五福捧寿喻示着富贵久长

古代广告上常见的吉祥图案

乔记老仿单虽然只有名片大小，但简洁大方

起到了相当大的推动作用。

其实，中国绚丽多彩的民间文化和民俗生活中毫不缺乏构思巧妙的图形、纹饰，在文化进步、市场成熟、竞争加剧等诸多因素的诱导与催化中，商人的广告理念也在不断强化与完善。

正尚斋颜料庄的仿单图案设计成雅致的书卷形

他们意识到图文并茂、活泼生动的印刷品更能吸引顾客，何乐而不为呢。内涵丰富、描画匠心的吉祥图案本源自生活，它逐渐成为商人们印版广告图形设计的重要表现题材。如此一来，广告印版的图画结合商家自身行业的特征、价值取向、寓意、诉求等，常选用百姓熟悉的如意、福寿、三阳开泰、和合二圣、天下太平、暗八仙、八吉祥、聚宝盆、和气生财等图案。与此同时，广告版面的边饰美化效果亦日趋凸显，大凡海水江牙、万代盘长、万字不到头、书卷、花草等，皆大胆吸纳，使得广告印版更加丰满，广告内容更具吸引力了。图文并茂的广告或标识往往是集体智慧的结晶，商人们在日复一日的商业活动中逐渐形成、发展，乃至约定俗成地运用较长时间，成为商业文化的组成部分。

文茂昌的老印版设计巧妙，中间有可调换的活版

官礼贡点的印版饱含着无上崇高的价值和"血统"

在不断的探求中，他们也依据大多数顾客自上而下、自右向左的阅读欣赏习惯来设计广告版面。广告印版除传统的屋形及围合模式外，更为精到的整体设计常包括立冠、平目、齐身、落足等要素。

立冠，顾名思义是印版最上部的位置，一般为吉祥图案与商号标识相配合。平目部分在中上方，求得与受众视线的第一接触，各式边框纹饰内书写着正楷大字商号名或加写主要推出的货品名称。中部的齐身多为详尽的说明文字，需要认真阅读。落足，于版面的下方，此位置常常又直接是吉祥图案或广告短语，如"童叟无欺，货真价实"等。当然，根据广告的不同用途，如上四要素又经常在取舍及注目点的变化中灵活运用。有的只在齐身部分写糕点名几个大字，十分抢眼；有的干脆舍弃落足环节，突出主题。变化更为丰富的是将屋形、围合等不同形式与立冠、齐身等因素有机地结合在一起，创意出许许多多至今仍让人拍案叫绝的老印版与广告来。

第四章

永恒的品牌与字号

1 物勒工名求声誉

大凡商标与品牌的塑造，皆以经典的文字和美丽的图案服务工商、吸引顾客。现代意义上的"商标"一词，虽然在我国出现较晚，是1840年鸦片战争以后的事，但中国古代商标文化，早在西周时代就已现雏形。如西周时代的"己侯"钟的铭文上就有"己侯作宝钟"的字样。另外，在秦汉以前的商品交流时，常用印章和印记作为凭据，《周礼》中"掌节职"文字里提到的"玺节"就是印章的意思。

传统意义的商标作用大致有三，首先是对消费者负责的诚信意识，二是在竞争中的标榜，三是通过品牌的传播来做宣传，扩大知名度。

中国是传统的农业国度，战国时代的小农经济已十分兴盛，与之相随的是家庭手工业生产的发展。一些手工业者很快跳出了农村区域，活跃于城市的经济生活中，以至于出现了拥有资产和雇工的手工行业经营者，他们制作加工陶罐、陶

明弘治年间的漳瓷名器兽耳尊上写有
"龙飞乙丑年四月吉日赛谢"字样的铭款

鼎、陶壶、陶盆等许许多多与日常生活息息相关的物品，并采取前店后坊的生产与销售形式。加工者和经营者往往在自己生产的产品坯子上，用戳记印上或刻上姓名、地址等，谓之"陶文"，然后烧制成品。陶文的内容在当时有一定的规范模式，如制作者的籍贯、姓氏，或督造者、监造者的姓氏及司职，也有的附加产品名称和制作年月。如考古发现的齐国陶制品上常有"某鄙某邑某里某"之类的铭文，秦国的陶器上也见"咸阳某某"或"咸某里某"等制作人所留下的陶文，商标与广告的意识就这样在古人的脑海和巧手间悄悄萌芽了。陶文特别受到经营者的重视，因为所注名姓、地址实际上对加工者是一种很有效的约束，促使加工者要对其手艺负责，对其产品负责，商人也由此获得信誉与更多的利益，这样的行为在《礼记·月令》中称之为"物勒工名，以考其诚"。

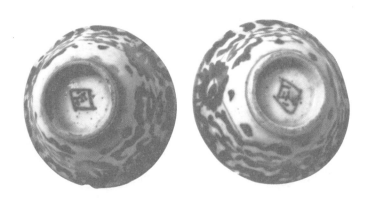

清乾隆年间的青花碗底仍旧物勒工名

除了民间私营手工业之外，战国时代官办的手工业也占有非常重要的地位。为突出官办的性质，官坊出品的青铜制品、陶制品上面不仅有制作人的铭文，主造人（主管工师）和监造人（官员）的姓名也是必不可少的。在此风尤甚的秦国，此举被称为

"物勒工官"，史学家张占民在《秦兵器题铭考释》中认为："秦国'物勒工官'的题铭制度创立于商鞅变法。"

"物勒工名"和"物勒工官"的发生、发展，说明商标与品牌意识的普遍存在，正是官方、商人、手工业者和顾客相互之间的重视、实施、配合，促进了中国古代商业精神和广告文化向更深层次的进步。

② 事无巨细的汉代铭文

汉代前后400余年，手工业、工商业非常繁盛，《史记·货殖列传》道："汉兴，海内为一，开关梁，驰山泽之禁，是以富商大贾周流天下，交易之物莫不通，得其所欲。"仅此，我们足以管窥一斑。西汉立都长安，著名的"长安九市"个个都超过了秦时的规模，其他一些专业市场的经营也异常红火。东汉建都洛阳，洛阳的金市、南市、马市同样是熙熙攘攘的景象。经商求富的思想在汉代的各大城市中成为一种社会风气，商业之发达必定带动广告理念的进步。

汉代是中国古代铜镜铸造和销售的第二个黄金时代。随着工艺的进步、使用的普遍，铜镜的商品性日趋凸显。铜镜市场自然存在竞争，无论是官方铸镜，还是私人铸镜，产品精益求精的同时，铭文与款识已成为传统意义上的品牌与标识。比如，有的官方镜加上了"尚方"名标记，并有"尚方作竟（通'镜'）真大好，明如日月世间少"；"尚方作竟真大巧，上有仙人不知老"；"见日之光，天下大明"等颇具匠心的广告词句，意在宣传和招揽。

另外，令人目不暇接的姓氏铭、作坊铭也出现在铜镜上，如"朱氏""三羊""青羊""杜氏""李氏""张氏""王氏"等，以及"王氏作竟真大好""朱氏明竟快人意""田氏作竟真大好""田氏作竟四夷服"之类的广告语。姓氏铭的专属商标特性，从一个侧面体现了古人对信誉和防假冒的重视。

美丽的漆器同样是汉代人的骄傲，中国古代的漆器工艺水平正是在这一时代达到了鼎盛。学者高炜在《汉代漆器的发现与研究》一文中称赞："我国有悠久历史的髹漆工艺，进入汉代在造型和髹饰方面，都多有创新。华美而轻巧适用的漆器，已经取代了过去青铜器的地位。从出土漆器的品类、数量、分布地域和工艺的精湛等各个角度，都可以说明我国古代漆器在汉代达到鼎盛时期，直到后来它被瓷器所取代为止。"

如同"物勒工名"的陶制品一样，汉代漆器非常注重标识性铭文，刻印铭文几乎成为必不可少的工艺环节。根据铭文，可知当时制造漆器的工种包括有素工、髹工、上工、铜扣黄涂工、画

战国双凤纹漆盘上展现着古人精妙的技艺

工、雕工、清工、造工、供工等，监造人员有护工卒史、长、丞、掾、令史、佐、啬夫等，合计名称达16种之多。漆器铭文采用戳迹、书写或用锥、针、刀刻刺的方法，形式以"某年某工"或"某市某（造）"为主。官营作坊出品的漆器的标识更为详细，年号、司造官姓名、制造者姓名及该器物的名称、尺寸、容量等信息均在其中。私营作坊在漆器上注明姓氏，如"桥氏""中氏"等作为作坊的标志，起到了很好的商标广告作用。在马王堆汉墓出土的漆器中，多数器物不仅可见"四斗""二斗""一升""九升"之类的容量标记，更令人欣喜的是那些"君幸酒"或"君幸食"等广告性质明显的吉祥话，具有一定的亲和力。

西汉后期，官营作坊的漆器工艺更加精益求精，质量、信誉、品牌的责任感和使命感是空前的，制造过程中每一工序涉及的工匠名姓和制造时间、地点、容量等均要标示在漆器上，铭文就如同一份产品说明书一样，让使用者一目了然。

③ 古人也打假

古往今来，欺世盗名大肆仿冒他人品牌者不乏其人，谨防、声讨、打击假冒伪劣自古有之。早在汉代，有些商人在贸易过程中，就将货物捆扎好，在绳结处穿上木块，再用泥封固后按上印章，这一形式与后来的火漆印的方法是一样的。长沙马王堆一号汉墓出土的封泥上即可见"侯家丞"三字。

宋代以降，中国商品经济已发展到一个全新的高度，市场竞争的压力是前所未有的，商人们愈发意识到自家品牌的重要与价值。宋代的商人为了创立自己的商标，而且由以往的混沌至清晰，由不自觉到自觉，不断探索、实践、创新，终使商标的运用逐渐臻于完善，为中国商标史写下了浓重的一笔。根据《梦粱录》的记载可知，在铺号名前冠以家族姓氏名，已成为南宋都城临安商界的一种风气。如：陈家彩帛铺、舒家纸札铺、凌家牙刷铺、孔家头巾铺、徐茂之家扇子铺，徐官人幞头铺、仲家光牌铺、香家云梯丝鞋铺、朱家裱褙铺、尹家文字铺、陈妈妈泥面具风药铺、保和大师乌梅药铺、彭家温州漆器铺、陈家画团扇铺，等等。我们在《清明上河图》中也不难看到"刘家上色沉檀楝香""赵太丞家""杨家应症"等品牌。另外，《枫窗小牍》中也记录了临安城的湖上鱼羹宋五嫂、羊肉李七儿、奶房王家、血肚羹宋小巴等脍炙人口的美味。《西湖游览志》中还特别提到，南宋高宗对市面上

151

的李婆婆杂菜羹、贺四酪面脏、三猪胰胡饼、戈家甜食等名牌情有独钟，常常派人买来品尝，连连称快。

　　我们再来看看宋话本小说中的例子。《碾玉观音》中的崔宁往往在他所造的玉观音底下碾上"崔宁造"的字样，成为品质与信誉的标志。《白娘子永镇雷峰塔》中有这样一段情节，说许宣遇雨，在三桥街向开生药铺的李家借雨伞，人家将伞交给许宣时再

三叮嘱："小乙官，这伞是'清湖八字桥老实舒家'做的，八十四骨、紫竹柄的好伞，不曾有一些儿破，将去休坏了！仔细！仔细！"看来，名牌商品备受人珍视与推崇。

和盛源酒家的陶坛盖

　　按常理说，张家、李家的商品或提供的服务，且标明了姓氏或品牌标识，本该具有一定的专属性，但就是有个别人只顾趋利而见利忘义。知名品牌的拥有者很无奈，他们也不断采取各种举措，保护自己和消费者的利益。宋话本《勘皮靴单证二郎神》中的细节就很能说明问题。三都捉事使臣冉贵，在一只皮靴的衬里找到一张字条，依据字条上所写的"宣和三年三月五日铺户任一郎造"的字样找到了任一郎，请他辨认此靴。为了防假、打假，任一郎制靴时在衬里暗藏有字条，并在店中的"坐簿"上记下此靴的相关信息，存档为证。顾客如有疑窦，

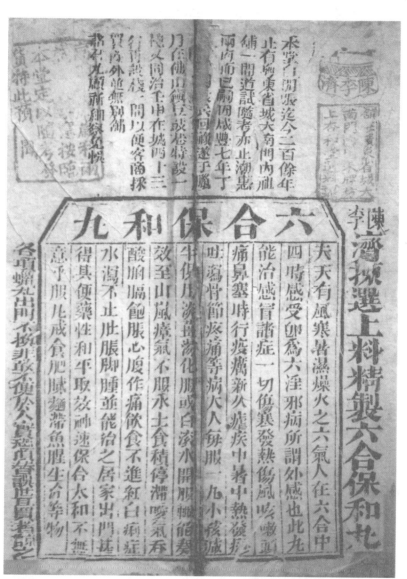

清同治年间陈李济的广告上特别声明："并无别铺，诸君凡顾祈细察免误。"

只要割开靴子，取出字条来看或与"坐簿"相对，便知真伪了。

古人打假一直没有停歇。清道光年间开业的广州同记绸纱庄的货品驰誉各地，历久不衰，然而仿冒者也时有出现。同记绸纱庄为此特别发出广告云：

> 本号产品保有可羡之品质，惟今为防他人冒充本号产品，特采用二字新名，见于所有包装。故若见有所售绉纱纹理疏松，表面粗糙不平者，即此可断定其为冒牌之劣货，断非本号之织品。

同记还特别告知消费者："数载以来，有人于工艺未能得其要领，而觉模仿我印章为易，故此本号取名'同记'，以彩色字体印于所有包装，并加'和合'二字。"

天津大直沽的酿酒业早在清代初期就已盛名远播，那里的商人也曾饱受冒牌之苦。前些年，当地发掘出一批早期酒业所用的陶制品，其中和盛源酒家的陶坛盖上凹印有方形商标，同时印有文字道："和盛源记，如有假充本店字号，男盗女娼。"对假冒者的深恶痛绝，致使商家出此过激的言辞也是可以理解的。

总体来说，宋代以后至清代中叶，中国的商标文化发展的脚步是较为缓慢的，这与长期的封建制度有关。元、明清王朝长期推行"重农抑商"的政策，民间的手工业与商业很难取代自然经济。"农本"思想使得政治上的"工商为下"的观念相当严重，这也就阻碍了工商商标发展的进程，直至鸦片战争以来这种局面才得以改观。

▌4 清代的"商标"概念

《现代汉语词典》（第四版）释"商标"为："一种商品表面或包装上的标志、记号（图画、图案形文字等），使这种商品和同类的其他商品有所区别。"其实，在清代的广告观念中，商标的概念还包含有行业标识方面宽泛的意思，并不单纯指商品表面的信息。出版于清宣统三年（1911年）的《金台杂俎》专门有《燕市商标》一辑，介绍的是清代中晚期北京的商业标志，与今天"商标"的概念就不尽相同。《燕市商标》中释"商标"为："凡商贾工艺之各种牌匾贴报而用以广招者，统谓之'商标'。"作者悉心收集了北京各行各业大量的商标、牌幌、匾额、告贴、告牌、名录等，并将它们一一分类并说明，认为"凡商标略分八类，匾、额、牌、幌、屏、壁、贴、报是也"。细说起来，横式的为匾，竖式的为额，带环挂在墙壁上的为牌，檐下悬挂的有红绸穗的为幌。具

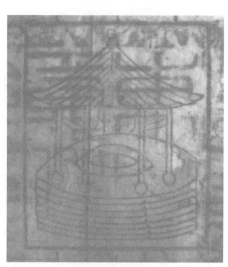

清道光初年山东东阿阿胶拥有"阿井"商标，广告上还特别加盖朱文大印

155

体到"贴"，有招贴和告贴之分，"报"也有贴报与登报之别。这里的"贴"和"报"与当今的广告形式属同一性质，看来，晚清的工商业者一边忙着在街头贴海报，一边急着到报馆去登广告，利用各种宣传手段，力图获得更多的效益。

受宗族与家庭观念的长期影响，中国传统的商业、手工业、服务业素来注重正宗与传承，古人特别喜欢以姓氏来冠名自家的生意，久而久之形成一种无形资产，具有了重如泰山的品牌价值，他人不得仿冒、毁誉。这种姓氏品牌无疑包含着商标和广告的双重意义。我们在前文中也有列举过宋代商家的一些例子。《燕市商标》中对清代北京的"老牌""名牌"也着墨颇多，如：茶汤李、年糕张、年糕孟、虎记年糕、爆肚王、豆汁何、豆汁冯、扒糕张、扒糕李、馄饨侯、素菜刘、烤肉宛、烤肉季、金鱼杨、小肠陈、王麻子刀剪、玉器王、象牙杨、风筝哈、炉灶曹、棚匠刘、嫁衣卢、镊子张、刻刀张、王致和臭豆腐等，不胜枚举。

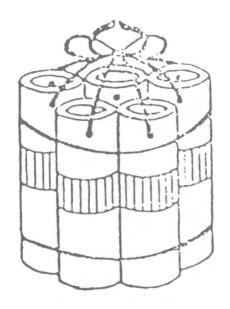

扬州谢馥春香粉老铺的"五桶为记"商标

诸如此类的品牌商标不独燕京，各地也有不少脍炙人口的"金字招牌"。仅以天津为例，朗朗上口的就有狗不理包子、风筝魏、刘海空竹、果仁张、崩豆张、郭家木盆、刻砖刘、粉汤刘、面茶杨等。

综合分析清代商标可见，有些商标本身又是字号的名称，大致可分为几类。第一，有以创办者名姓与商品名相结合的，如北京的王致和酱园、广州的潘高寿中药、安徽的胡开文笔墨等。第二，有以商品名与创办者姓氏相结合的，如天津的果仁张、泥人张、北京的钢刀王、烤肉季、成都的赖汤圆等。第三，有以创办者的绰号与商品名相结合的，如北京的王麻子刀剪、天津的狗不理包子等。第四，有以商号名（厂名）与商品名相结合的，上海的功德林素食、天津的芝兰斋糕干、北京的全聚德烤鸭等。另外，以产地名为商标品名的也不少，意在突出土特产的重要地位。如杨柳青年画、桃花坞年画、湖笔、徽墨、苏绣、湘绣、平遥漆器、金华火腿、沱茶、祁门红茶、普洱茶、西湖龙井、小站稻等，皆为响当当的名牌商标。

在清代，一些著名的招牌商标被他人仿冒是屡见不鲜的事。《续都门竹枝词》中的一首就非常有趣："雨衣油纸家家卖，但看招牌只一家，你也窦家我也窦，女娼男盗尽由他。"最典型的个案要数北京"王麻子刀剪"的例子。北京王麻子刀剪铺是一个姓王的山西人于清顺治初年创办的，由于刀剪质量好，很快成为市面上的畅销品。到了嘉庆年间，该号正式挂出了"三代王麻子"的招牌，并在刀剪上刻上"王麻子"三字商标，口碑颇佳。以后，模仿者不绝于市，什么"汪麻子""旺麻子""老王麻子""老老王麻子""真王麻子"的品牌，从很大程度上扰乱了市场，令"王麻子"叫苦不迭。徐珂在《清稗类钞》中专门记述了此事：

> 而外省多有冒之者，所悬市招，犹大出矢言，言"近有假冒者，男盗女娼"云云，而不知其实自道也。

类似这样仿冒者的信口雌黄，看来是不折不扣的贼喊捉贼了。

商标，是因商品经济的不断发展而发展的。随着商人品牌意识的增强，中国的商标事业在清末有了长足的进步。光绪十六年（1890年），上海燮昌火柴公司向清政府呈报"渭水牌"（姜太公钓鱼图）火柴商标，获准使用，这是至今所见最早的经政府批准使用的商标的文字记载。更重要的是，第一次鸦片战争以来，西方资本主义凭借坚船利炮打开了中国长久关闭的大门。在经济侵略的过程中，洋人们一直把在中国建立商标注册制度列为重要一环。光绪二十八年（1902年），《中英续议通商行船条约》第七款载明中国政府"设立牌号注册局所"，次年的《中美通商行船续订条约》第九条载明"中国政府允示禁冒用"。

晚清政府面对国内外的种种形势，相继颁布各种章程，实行奖励实业、提倡工商的政策，使各地民族工商业有了很大发展。光绪三十一年（1905年）经光绪皇帝钦定，我国商标史上首部法规——《商标注册试办章程》颁布。章程中规定，商部设立注册局，专门办理商标注册。上海、天津作为当时中国较发达的南北城市，也设立了商标挂号分局，并于章程颁布之日正式受理中外商家商标注册。

在上海、天津这南北商业中心，各行各业的合法经营者以当地的总商会为中介，与一些奸商展开了激烈的斗争，涉及的案例如名牌汽水打假，榨油机专利设计的诉讼，肥皂外观雷同的冲突，以及假借啤酒商标纠纷等，不一而足，非常热闹。

5 响名字号与金字招牌

声誉八方的字号名称是商家最珍重的品牌，就像人来到这世界上一样，总要取个好听的名字，最重要的是要继承先祖的姓氏，生命如此才具有了真正的意义。中国字号命名的传统观念又何尝不是呢。

在民间，做买卖开店铺总需要有个名号，取名大俗也好，大雅也罢，它构成了较为完整的工商服务体系。

我国是传统的农业社会国度，家族观念根深蒂固，商业字号最初的形式也是以店主的姓氏为号的，在春秋战国"物勒工名"的时代就已现雏形。历代商人无不视字号名称为重中之重，字号是商业经营活动中最直观、最有效的广告，即使是较为单调的王记、李家也体现了商人尊敬祖辈、一脉相承、立业兴家的观念。宋人笔记对商铺名字的记载颇多，如北宋都城汴京与南宋都城临安的潘楼酒店、药张四店、李七家正店、俞七郎茶坊、王家酒店、郑厨分茶酒肆等名店、名号。其实，他们中的一些商号原本是没有具体名称的，只是在长期的经营活动中顾客们叫顺了嘴，约定俗成而来。

中国人素来重视姓名，书斋、堂号的命名，博采文化之精粹，以期达到深切美好、大吉大利的内涵，寄托宏愿与希冀。时至明清时代，字号取名已经具有了较强的文化特征。字号名往往反映

京式满汉茶饼的老仿单

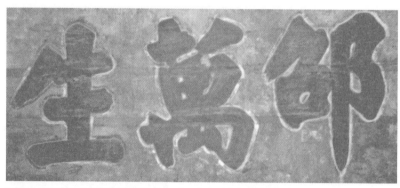

经营宁绍茶食的邵万生创始于清咸丰二年（1852年），驰誉四方

了这一行业或经营者的历史脉络与习俗，如创始者或祖师行的源流，商家对事业发展的希冀，商家的价值观、道德观等，这也是经营者追求事业完美，消费者关注字号内涵的重要原因。字号如同脸面，脸面的事不尽如人意，难以吸引顾客，那生意的好坏自然要打个问号了。相反，文化气息浓郁、内涵丰富的字号名，加上物美价

廉的商品和关怀备至的服务，这字号不驰誉声远才怪呢。

中国传统商号以三个字或四个字命名为主，前两三个字为名，最后一个字一般特指某一行业或行当的定位，如"号""记""楼""斋"等字眼的运用。

我们先说字号名中的前两三个字，清人朱彭寿在《安乐康平室随笔》中专门记载了一首清代商界十分流行的商号取名用字歌诀：

> 顺裕兴隆瑞永昌，元亨万利复丰祥，
> 泰和茂盛同乾德，谦吉公仁协鼎光，
> 聚益中通全信义，久恒大美庆安康，
> 新春正合生成广，润发洪源厚福长。

旧时民间还流传着另外一首大同小异的《店铺名号诗》，成为新张店铺的首选语料：

> 国泰民安福永昌，兴隆正利同齐祥，
> 协益长裕全美瑞，合和元亨金顺良。
> 惠丰成聚润发久，谦德达生洪源强。
> 恒义万宝复大通，新春茂盛庆安康。

通过这首歌诀可见，中国商号取名用字大体上是在此范围内加以选择的。

民国初年，在哈尔滨的一位日本商业学教授曾潜心对东北地区两千多家商号进行调查，对清代以来这一地区商号取名做出了统计与分类。其实，从统计结果来看，不仅仅局限于东北地区的，对中国大多数商号而言也具有广泛性。调查显示：兴，是店号使用率最高的一个字。盛，紧随其后，不相上下。接下来依次是德、永、福、顺、发、昌、同、和、祥、成、合、号、源、利、记、义、天、恒、聚、丰、裕、茂、隆、双、庆、新等字。传统商号喜欢并普遍使用的文字，在众多汉字中只有五六十个，这其中按内容来区分约有如下几类。一是以吉祥美好为内容的字眼，如：兴、盛、隆、成、利、聚、荣、大、增、安、源、祥、昌、泰等。二是侧重道德观、价值观的字眼，如：顺、和、合、德、正、恒、信、公等。三是有关地域、地名内容的字眼，如：京、鲁、南、北、蜀、晋等，不一而足。

随着社会的进步，趋利为本的商人们对"以义取利""以德取利"的理解更加深刻，许多文雅大气的字词应用于字号名中，取代了以往单调的姓氏、街坊等名号，为广告的宣传作用和丰富性带来了显著的效果，如六必居、同仁堂、得月楼、全聚德、正兴德、内联升等，层出不穷。创始于清道光二十三年（1843年）的北京全聚德烤鸭店，原本是一家干鲜果点，名叫"德聚全"，意取"以德聚全，以德取财"。在同治元年（1862年）的时候，杨全仁接手德聚全，杨全仁见招牌字号中的"全"与自己的名字暗合，于是就把字号改成了"全聚德"，寓"全仁聚德，财源茂盛"的意思。

一些传统行业的老字号，诸如茶庄、药材庄等，他们的字号取名极其注重引经据典，突出本行悠久的历史文化积淀。有的茶庄对"鸿"字、对"泉"字情有独钟，因为"鸿"字源于茶行的祖师、茶圣陆羽的字——鸿渐，而"泉"通"钱"字，寓得利如泉流，生生不息，事业发达。另外，"泉"又暗示泉水，因为泉水自古就是泡茶的上品。

清末南方一家茶庄的旧影，可见井井有条的陈列布局

　　关于字号名中特指行业或行当的最后一个字的使用，大致有号、记、堂、店、园、楼、铺、轩、馆、居、坊、房、栈、池、局、庄、当、场、处、行，等等。如若按行业用字习惯来看，一般的情况是：饭店、酒家、茶馆用楼、居、轩、庄、馆、坊、堂、成等字，药材行用堂、局、栈、号等，绸缎行用局、庄等（"局"字仅限于朝廷御用的绸缎办理处，民间是不允许这么称呼的），文化用品、书店、出版行用局、坊、房等。另外，使用"庄"字的

163

行业还有钱铺、棉布行、鞋店、茶叶行等。

饭庄、饭馆以"楼"呼之的，如清末民初北京的"八大楼"：正阳楼、泰丰楼、新丰楼、万德楼、悦宾楼、东兴楼、庆元楼、会元楼。另外，还有著名的"八大居"：和顺居、天兴居、鼎和居、广和居、义盛居、同和居、天然居、会仙居。老天津"八大成"饭庄中的第一家——聚庆成，据说是为庆贺清康熙登基大典而起名的，以后又有了聚和成、聚乐成、义和成、福聚成、聚升成、聚源成、义升成等"成"字号，成为天津餐饮业的代表一派。

中药铺、药材庄经常命名为"堂"，传说源于行医"坐堂"一说。汉代名医张仲景在任长沙太守时，在每月朔、望之日坐在大堂上为百姓看病，医德高尚，为人解除了不少疾苦，所以后人俗称医师为"坐堂大夫"或"坐诊大夫"。

华中重镇武汉自古就有"九省通衢"之称，武汉三镇（武昌、汉口、汉阳）之一的汉口，素有"甲于大下"的美誉。汉口的店铺对于招牌的重视非比寻常，特别是药店对店号取名格外讲究。干药材行的商家深谙孔子所言"知者乐水，仁者乐山。知者动，仁者静。知者乐，仁者寿"的内涵，所以常用"山"字来做店名，取"仁者乐山""仁者寿"的意思，来表明药品延年益寿、祛病强身的作用。缘此，汉口街面的药店常见有"仁山""荣山""香山""寿山""春山""南山""泰山""恒山""嵩山"之类的名号。关于中药店喜欢以"仁"字命名，尤其值得一提的是老北京的"仁"字号中药行，如同仁堂、达仁堂、宏仁堂、乐仁堂、永仁堂、怀仁堂、沛仁堂、继仁堂等，正是他们创造了中国中医药文化的辉煌篇章。

绸布业的知名商号当数在北方首屈一指的山东孟家的产业"八大祥"，堪称尽人皆知的大买卖。山东章丘旧军镇的孟家自明代中叶开始就以贩卖当地的土布为业，经营有方，发展迅速。后来，孟家不断在华北的城市开设店铺，均以"祥"字号命名，形成系列商号名称。至道光年间，孟家已拥有北京瑞生祥、益和祥、瑞林祥、瑞增祥，保定庆祥，济南庆祥、隆祥，天津瑞生祥，共8家知名的绸布庄，号称"华北八大祥"。而瑞蚨祥、谦祥益则是后来居上的"祥"字号。

谦祥益保记匾额

清代前期，扬州的茶馆在中国可谓首屈一指，相形之下的茶馆取名也颇具清雅之气，独具一格。这一点，我们在李斗《扬州画舫录》的描述中即不难体会，如二梅轩、惠芳轩、集芳轩、腕腋生香、文兰天香、丰乐园、品陆轩、雨莲、文杏园、四宜轩、小方壶、天福居、绿天居、双虹楼等。

有趣的是，有些商家为了一鸣惊人的宣传效应，或是老百姓天长日久叫顺口了，字号的得名就显得有些怪了。如：北京都一处烧麦馆、一条龙羊肉馆、醉琼林饭庄；天津狗不理包子铺、耳朵眼炸糕铺；宁波缸鸭狗汤团店等。天津狗不理的创始人本名高贵友，小名叫狗子，最早在路边摆小食摊。他蒸的包子个大味好，

165

"狗不理"牌匾

价格低廉，小买卖很快红火起来，食客如云，忙得高贵友从早到晚抬不起头来。有的老主顾见此就把钱放在碗里，递到高贵友眼前，他见钱如数给包子，别无二话。这样一来二去的，食客们便开起玩笑来："好啊，狗子的包子不理人啦。"由此，"狗不理"的名字也就叫响了。现代人有时调侃街上的流行时尚，爱说："不怕帅，就怕怪"，看来这一怪是大大能够引人注意的，针对广告而言那就叫"眼球效应"了。

6 流光溢彩老牌匾

　　唐代农业和手工业的发展促进了商品经济的日趋活跃，比如在长安，专门划出集中的商业区，叫作"市"，市内按经营类别又分为不同的行，如米行、炭行、丝行等。按当时的市规，各行都须标明所经营的行业，如"北市丝行""北市彩帛行"等匾额形式已经出现。

　　中国商人对于匾额的重视甚至要超过人生命本身的价值，因为许许多多牌匾门额凝聚着几代人血汗与辛劳，承托着无上的信誉与使命，它是物质和精神价值的体现，是永恒的。牌匾由古老的招幌形式演化而来，牌、招牌是招幌形态的一种，与文字类招幌紧密关联，书写店名字号或经营内容、颂辞、广告语的文字牌匾，也属于招牌的类别，也就是我们这里所要谈到的牌匾。牌匾至迟在进入宋代商品经济开放时期以后就已十分兴盛了。孟元老于《东京梦华录》中说，北宋都城汴京有"正店七十二户，不能遍数"。"正店"就是有店名招牌的店铺。如此市井在画家张择端的传世名作《清明上河图》中也清晰可见。《清明上河图》所描绘的招幌多达20余处，旗帜、字牌、柜招、坐地招、冲天招等，不胜枚举，如卖羊肉的"孙羊店"，卖香料的"刘家上色沉檀楝香"，一家药材庄亮出的"神农遗术"的广告词也不乏寓意。另外，吴自牧在《梦粱录》中也记有孔家头巾铺、三不欺药铺、朱家裱褙

167

赵太丞家被广告包围着，生机盎然

刘家老店门外的落地招牌高过了屋檐

铺、张家铁器铺、俞七郎茶坊、蒋检阅茶肆等市民所熟知的招牌、匾额名称。

明代店铺都有招牌匾额，褚人获在《坚瓠集》中说："正德间，朝廷开设酒馆，酒望云：'本店发卖四时荷花高酒'犹南人言莲花白酒也。又有二匾，一云：'天下第一酒馆'，一云：'四时应饥食店'。"再有一点重要的是，"伯乐相马"是名人效应，名家题匾也具有同样的效果。名人效应堪称广告宣传的一大法宝。明清时代的商人对此当然心知肚明，他们为此不惜重金或殚精竭虑，所以明清时代的商业牌匾中不乏朝中重臣、政界名流、功名之士、书法大家留下的墨宝。

明代统治者为粉饰太平，大力提倡建造酒楼。朱元璋以"海内太平，思欲与民偕乐"为由，不仅命民间设酒肆接待四方宾旅，还在新建成的醉仙楼赐宴群臣百官。在南京，著名的大酒楼就有16家，号"十六楼"，其门前都挂有名人题字的匾额，与美酒佳肴、歌妓舞女交相辉映。不仅如此，《警世通言·俞仲举题诗遇上皇》里描写的杭州丰乐楼也具有代表性：

> 俞良当下一经走出涌金门外西湖边。见座高楼，上面一面大牌，朱红大书"丰乐楼"。只听得笙簧缭绕，鼓乐喧天……

再以清代的北京为例，如《春明古迹小识》中所说："旧都琉璃厂各商店之匾额，皆系名家所书，字体不一，极尽琳琅壮观之致。"光绪皇帝的老师翁同龢就在琉璃厂题写过"菇古斋""尊汉阁""宝古斋""赏奇斋""秀文斋"等，人称翁同龢所书"浑脱潇洒，老气横秋"。

吴友如笔下的市景与商号

重金求名墨不是所有人都能做到的，有些捉襟见肘的商家为了造势宣传，干脆直接到"苏黄米蔡欧柳颜赵"的碑帖中去找字，不失为高明之举。还有人去找专门写榜书的先生去买字，这些书匠写的字被称作"买卖字"。买卖字以颜体为主，大的感觉还看得过去，缺乏的只是笔力苍劲和入木三分的精神，但作为小商号广而告之用已足够了。北京的许多字号取名与牌匾书法堪称文化与商业的精彩之作，皇朝效应和政治影响力让一块块牌匾具有了至高无上的广告价值。

自清代中叶以来，渤海之滨、近临皇城的天津已成为我国北方首屈一指的经济中心，工商服务业的空前繁荣，塑造了这一地区牌匾文化的典型风貌，为世人瞩目。天津三岔河口、运河畔水陆通达四方，这里号称"银窝子"，大买卖、老字号之多令人瞠目结舌，但若说"最"字，当数竹竿巷东口的中和烟铺。

靖海侯施琅之子施世纶是《施公案》中的人物原型，康熙十五年（1676年）任仓厂总督时曾驻屯中和烟铺附近的归贾胡同。烟铺兼售的槟榔颇合施氏口味，因小店无字号，施世纶有一天来买槟榔时来了兴致，信笔题书"中和烟铺"相赠。店家如获至宝，刻成牌匾悬于店首，从此名声大震。中和烟铺匾成为目前已知有据的天津最早的商业牌匾。

7 老字号取名的故事

六必居酱园

店铺牌匾的书法是何人墨宝与字号的名称一样，它不仅是商业标志，是一种广告形式，也体现着商家的文化素养和品位。借助名人笔迹来增加知名度、可信度，不能不说是生意经，自古有之。商人们在牌匾上做文章，传出的趣闻逸事历来不少，有点像现如今见怪不怪的炒作之举。

六必居酱园的牌匾是北京有名的牌匾公案，市井传闻和一些资料上都说"六必居"三字是明代宰相严嵩于嘉靖年间的遗墨，但史实果真如此吗？1965年的时候，史学家邓拓从六必居的旧存档案中考证，六必居的开业时间是清康熙年间，而不是后人传说的明嘉靖九年（1530年）。邓拓素以治学严谨在学界享有盛誉，他的《燕山夜话》即是极好的佐证，六必居的考证无疑是准确无误的。

如果六必居果真开业于明嘉靖九年，按道理也不会找严嵩写匾，因为当时严嵩在南京供职，还只是个知名度不高的人物。由此可见，六必居的匾虽然写得苍劲厚朴，独具一格，但与严嵩毫无关系。对于严嵩的书艺风格，后人多有仿效，六必居的榜书出自效仿之笔也不是没有可能的。后人讹传，越传越有眉有眼了，或许这一切皆源于人们对六必居美味的喜爱吧。

老茂生糖果坊

驰名至今的老茂生糖果坊是开业于清光绪二十五年（1899年）的买卖，所制糖果口味繁多，童叟无欺，有口皆碑。

老茂生的创始人姓康，大约在光绪十五年的春天从河北滦县逃荒闯关东来到东北宽城子（今长春），凭手艺在街边卖糖人儿谋生。康大爷老两口后来收下了也是逃难来此地的同乡一家四口人。后来，老老少少忙上忙下地经营了一间小糖坊，生意一天天兴隆起来，尤其以糖球儿最受欢迎，每到年节更是供不应求。转眼几年过去了，小糖坊已发展成拥有一个大场院、八九间大房子、十几名糖匠的大糖坊了。

看着买卖越来越红火，一家人寻思着总得有个正经八百的字号吧，光叫老康头糖球作坊哪成啊，康大爷的干儿子为此没少费心思。他琢磨，糖坊在宽城子这么多年也算老字号了，所以店名第一个字就取"老"字。再说，做买卖图兴旺，财源茂盛是最美好的愿望，第二个字索性用"茂"字。一家人都盼着糖坊越干越大，生机勃勃的，因此第三个字就取"生"字。"老茂生"的名字真是太吉利了，康家特别找来先生题写了字号并制成牌匾。老茂生开业那天，张灯结彩，牌匾高挂，顾客盈门，成为轰动小城的一件大事。

内联升

内联升鞋店是北京鼎鼎大名的老字号，距今已有170年的历史。内联升始创于东交民巷，后迁址前门大栅栏街路南。内联升鞋店的创办人是天津武清的赵廷，他曾说："若想赚大钱，就要从坐轿人的身上打主意，跟抬轿的再打算盘是抠不出一个元宝来的。"经高人指点，赵廷为鞋店起了一个"内联升"的名号，此名正是如其所言的经营方向。"内"指清宫大内，标榜店家非同一般，乃供奉大内所需。"联升"是"连升三级"之吉意，正迎合了官场政客、富绅梦寐以求的功名利禄心理。这一诉求在内联升"平步青云"的幌子上也表现得淋漓尽致。

确定了不凡的消费群，内联升在鞋的质量上岂敢怠慢。驰名至今的千层底布鞋做工素来讲究，用新白布打袼褙，贴布要压平绷紧，选用温州产上等麻绳纳底，每平方寸须81针以上。纳好的底子还要在热水中浸泡并热焖，闷软后再锤平、整形、晒干，每个环节均一丝不苟，精益求精，确确实实经得住"大内"考验。值得一提的是，内联升备有《履中备载》档案，记录了当时"够级别"顾客的靴鞋尺码，免去了许多尴尬，良苦用心可见一斑。

缸鸭狗

南方人爱吃汤团，许多江浙人都知道宁波最著名的汤圆店有个怪怪的名字叫"缸鸭狗"。在现如今宁波城隍庙街口，一眼就能望见一家汤圆店

内联升的幌子似乎是在告诉人们，穿了他家的普通鞋子可以平步青云穿官靴了

门额上高高设置着一口缸、一只鸭、一条狗的模型，很逼真，很生动。不明就里的人见此十有八九会丈二的和尚摸不着头脑。好端端的吃食店为何搞此不伦不类的门面呢？按时下的话说，"另类"。

原来，老店的创始人本姓张，乳名叫阿狗。张阿狗对吃很在行，他从小食摊发迹，很快开起了小吃店。因张阿狗不识字，关于小店取个啥名可让他犯了难。左思右想啊，有了！宁波话的"张"音同"缸"，"阿"音同"鸭"，"狗"音仍为"狗"，何不以"缸鸭狗"的形象立招牌，不是很吸引人吗？于是张阿狗就请人在招牌上画了一口缸、一只鸭、一条狗。开张大吉，顾客盈门，人们竞相评说小店的招牌风趣，汤圆也真叫绝。

顺便一说，缸鸭狗的汤圆怎么好法？那汤圆从开始选料就非常讲究，加工十分精细。馅料由最初的芝麻、桂花、猪油，发展到后来的火腿、鲜肉、咸肉等，无不追求细腻的口感。若说最馋人的是桂花汤圆。滚热的汤圆还没到嘴边，桂花的香气即刻扑面而来，沁人心脾。北方人到这里更喜欢吃猪油汤圆，它的馅是用猪油、白糖、芝麻制成，煮熟时在热汤中再加入白糖、桂花等小料。色白光亮的汤圆入口流馅，个个醇香可口，软滑不油腻，吃起来是很过瘾的。

第五章

文艺作品中的广告

1 佳妙吟咏传美名

国人重视历史，正史的绝大多数文字不断为胜利阶级的政治、军事歌功颂德，而生产、工商、风俗的文录位列于次、于附，广告形态更无从谈起了。中国古人的广告活动丰富多彩，但正史记载不多，文献不足证。令人欣慰的是你会发现，在历代野史、笔记、札记和诗词、绘画等文艺作品中，关于古代广告的点点滴滴或一抹颜色却是鲜活生动的，为我们提供了不少耐人寻味的细节。

诗人离不开酒，他们的许多名句与酒有关，并具有广告倾向。早在三国时代，曹操的《短歌行》即云："慨当以慷，忧思难忘，

魏武帝曹操

何以解忧，唯有杜康。"唐代诗人李白在《客中行》中咏兰陵美酒道："兰陵美酒郁金香，玉碗盛来琥珀光。但使主人能醉客，不知何处是他乡。"杜牧在《清明》中颂杏花村酒时也留有千古名篇："清明时节雨纷纷，路上行人欲断魂。借问酒家何处有，牧童遥指杏花村。"宋人洪迈在《容斋随笔》中就唐代诗人对酒旗的吟诵之风不乏感触："今都城与郡县酒务，及凡鬻酒之肆，皆揭大帘于外，以青白布数幅为之……唐人多咏于诗，然其制，盖自古以然矣。"我们在前面关于酒旗的章节也列举了不少唐人的诗句。

宋代诗词对民间广告的关注更多地转向了市井的叫卖声。陆游的《临安春雨初霁》即云："小楼一夜听春雨，深巷明朝卖杏花。"诗中让人隐约可闻卖花人优雅的叫卖声。与此意境相近的还有王季夷的词："小窗人静，春在卖花声里。"范成大关注市井民生，对市声叫卖也怀有特殊的情感，他在一首诗的序文中写道："墙外卖药者九年无一日不过，吟唱之声甚适。雪中呼问之，家有

李白像

十口，一日不出即饥寒矣。"范成大缘此深情而道："十口啼号责望深，宁容安稳坐毡针。长鸣大咤欺风雪，不是甘心是苦心。"这里的"长鸣大咤"就是卖药人那凄切切的唤卖声。另外，范成大在《元夕》中也有"尚爱乡音醒病耳，隔墙时有卖饧人"的名句。

宋代诗人中留下"广告诗"最多的或许要数苏轼了。苏东坡命运坎坷，因反对王安石变法，以作诗谤讪朝廷之罪被贬至黄州。哲宗年间任翰林学士，曾出任杭州、颍州，官至礼部尚书。苏东坡晚年再被贬至惠州、儋州，但苏东坡与诗为伴的生活多少也充满着情趣，他在杭州、惠州、儋州等地皆有为人传颂的"广告诗"存世。

苏东坡曾对杭州的清蒸鲥鱼汤赞不绝口，特别吟咏道："芽姜紫醋炙银鱼，雪碗擎来二尺余。尚有桃花春气在，此中风味胜莼鲈。"

苏轼像

苏东坡有一首咏荔枝的诗，诗言："罗浮山下四时春，卢橘杨梅次第新。日啖荔枝三百颗，不辞长作岭南人。"关于这首诗的由来，在广东惠州民间有一段传说。相传当地的一家水果店，有一年在荔枝大量上市的季节却销售不畅，店主灵机一动找到了苏东坡，请他能否为小店写点什么。苏东坡明白来人的意思，尝了尝那新鲜的荔枝，味道的确不同凡响，于是便欣然题写了这首诗。店家高兴至极，特别将此诗贴在店门前，一时间许多人慕名来赏诗、赏书，同时来品尝荔枝的美味，店中荔枝随即销售一空。

环饼又名馓子，是一种用面炸制的点心。苏东坡在儋州（今海南）期间，曾与一位善做环饼的老太太为邻。苏东坡对老人所做的环饼赞不绝口，于是赠诗予她。诗云："纤手搓来玉色匀，碧油煎出嫩黄深。夜来春睡知轻重，压扁佳人缠臂金。"老人高超的技艺和环饼的美味被苏东坡淋漓尽致地描绘出来。

得"十大名厨"美誉的萧美人是清朝苏杭一带著名的点心师，"萧美人"后来成为名震大江南北的糕点品牌。清人吴煊有感于此，专门写了一诗来颂扬，广告意味别具一格，诗云："妙手纤纤和粉匀，搓酥掺拌擅奇珍。自从香到江南日，市上名传萧美人。"

2 竹枝词里忙招徕

　　竹枝词是文人创作的一种诗歌形式，唐代大诗人刘禹锡根据民歌改制新词成为竹枝词。以后，历代诗人写竹枝词的很多，其形式以七言绝句为佳，题材十分广泛。竹枝词最大的特点就是对浓郁民间生活情调的展现，对市井生意的描述也广有涉及，通俗易懂，生趣盎然。清代以来，竹枝词的创作达到鼎盛，纷纷结集传世。仅以北京为例，有杨米人的《都门竹枝词》、杨静亭的《都门杂咏》、兰陵忧患生的《京华百二竹枝词》、何耳的《燕台竹枝词》、李静山的《增补都门杂咏》、学秋氏的《续都门竹枝词》及查揆的《燕台口号一百首》等，这些竹枝词中不仅描述了老北京的人文风貌，其中对广告生活的表现也有精彩之笔，如：

续都门竹枝词·咏仁寿堂药材庄

鹿角招牌系世传，乌须妙药果通仙。

老鳏老宦寻仁寿，暂把黄金买少年。

续都门竹枝词·咏同仁堂药材庄

都门药铺数同仁，丸散人人道逼真。

纵有岐黄难别味，笑他若个术通神。

续都门竹枝词·咏都一处酒家

京都一处共传呼，休问名传实有无。

细品瓮头春酒味，自堪压倒醉葫芦。

都门杂咏·咏水晶糕

绍兴品味制来高，江米桃仁软若膏。

甘淡养脾疗胃弱，进场宜买水晶糕。

都门竹枝词·咏冷饮店

三月街头早卖冰，挥罢小旗摇响竹。

天棚高搭院中间，到地帘垂绿竹斑。

都门竹枝词·咏西瓜

卖酪人来冷透牙，沿街大块叫西瓜。

晚凉一盏冰梅水，胜似卢仝七碗茶。

都门杂咏·咏医家

满墙贴报博声名，世代专门写得清。

怂恿亲朋送匾额，封条也挂御医生。

增补都门竹枝词·咏镊子张

锤剪刀锥百炼钢，打磨厂内货精良。

教人何处分真假，处处招牌镊子张。

小贩的食挑子吸引孩儿,
吴友如将此活灵活现地描绘出来

增补都门竹枝词·咏王麻子刀剪

刀店传名本姓王，两边更有万同汪。

诸公拭目分明认，头上三横看莫慌。

京华百二竹枝词·咏杂货小贩叫卖

叫卖出奇声彻霄，街头客店任逍遥。

胡梳坠什捎家走，十个铜元捡样挑。

京华百二竹枝词·咏照相馆

明镜中嵌半身像，门前高挂任人观。

各家都有当行物，花界名流大老倌。

燕台口号一百首·咏街头广告

幌子高低店铺排，蒲包三两作招牌。

更寻纸架当门立，小匾茅房挂大街。

咏肉食摊

猪头肉摊生意忙，此肉大半销乡庄。

不惜工夫等大肉，目光灼灼窥摊旁。

咏老虎灶

老虎灶，生意好，各家要把开水泡。

一文一勺不许添，宛如参汤真可宝。

咏卖纸花人

纸花做得真鲜艳，有梗有心兼有瓣。

买归插入胆瓶中，疑煞模糊近视眼。

假花只恨少花香，不比真花扑鼻芳。

幸亏世界多尚假，假花不怕没销场。

春联、门联、门帖、楹联等总称为对联，历代民众无不喜闻乐见。传统对联源于桃符，在此基础上出现联语，内容多为吉语佳言，五代后蜀主孟昶所题的"新年纳吉庆；佳节号长春"是我国第一副春联。"桃符"一名一直沿袭至宋代，题写和悬挂桃符的风俗已在民间流行。我国较早的商业广告楹联大致也出现于宋代，《宋朝事实类苑》中记：

> 福唐有当垆老媪，常酿美酒，士人多饮其家，有举子谓曰："吾能使媪致十数千，媪信乎？"媪曰："倘能之，敢不奉教。"因俾媪市布为一酒帘，题其上曰："下临广陌三条阔；斜倚危楼百尺高。"……媪遂托善书者题于酒旗上，自此酒售数倍。

一副对联让酒的销售量成倍增长，古代商人逐渐从楹联广告中尝到了甜头儿。

正式命名"春联"的人是明太祖朱元璋，据清代陈尚古的《簪云楼杂说》记载：

> 春联之设，自明孝陵昉也。时太祖都金陵，于除夕

忽传旨，公卿士庶门上，须加春联一首，太祖亲微行出
观，以为笑乐。

朱元璋为粉饰太平在大年夜命百姓家家贴春联，当他看到街
市上的一副副为他歌功颂德的春联时，更是得意扬扬。关于此情
节在民间还衍生出另外的传说。朱元璋在街头观览之时，忽见一
家门上并没有贴春联，心中对此极为不快，忙命人前去质问。原
来这是一户目不识丁的以阉猪为生的人家，根本就不会写春联。
朱元璋得知原因，乘一时之兴特别为这户人家赐了一副联："双手
劈开生死路；一刀割断是非根。"此联幽默风趣，形象地说明了阉
猪行的行业特征。没想到的是，当朱元璋闲逛了一阵子再经过这
家门口时，见到他家仍没有贴上刚刚亲题的春联，又命人再问。

古人在画店前品评佳作

原来，明太祖的御笔让这家人受宠若惊，哪里敢随便贴出去，而是郑重其事地在屋内设香案供了起来，认为这是新年最好的吉兆。朱元璋闻听此言大喜，又赏赐了银两，让他家改从他业了。从此朱元璋的圣联很快传遍金陵街巷，行内之人无不以张挂此联为荣，成为该行最好的广告联。

皇帝倡行，此风大盛，商业楹联在民间逐渐发展成一种独特的艺术形式。"江南第一大才子"唐寅有一次路过一家新开张的绸布庄，见店中所售货品物美价廉，服务态度也好，但店家却说苦于刚开店生意很少。唐寅闻此顿生怜悯之心，思索片刻，特别送上一副对联："生意如春意；财源似水源。"对联挂出去之后，路人无不啧啧称道，竞相评说唐寅的才情，绸布庄的生意也迅速好了起来。可是店主依旧有点贪财心切。他寻思着，这"生意如春意"若真是过了春天，生意和财源是不是就没了呢？于是，此人借故登门求唐寅重写一副。唐寅很明白店主的意思，心中虽有不快还是提笔写道："门前生意好似夏日蚊虫，队进队出；柜里铜钱就像冬天虱子，越捉越多。"店主读罢，虽觉得联中有讥讽之意，但为图发大财还是收下并张挂出去，引得众人暗笑不止。

同是明代的一则传说云：弘治年间，大书法家祝枝山游览西湖时来到湖边的一家酒馆小酌，这里的酒香让祝枝山醉美连连。可是，他在店里坐了大半天也不见客人前来，柜台后的父女俩也一直闷闷不乐。祝枝山想了想，似乎明白了什么，急忙让店家找来笔墨，为小店写下了一副对联："东不管，西不管，我管，酒管；兴也罢，衰也罢，请罢，喝罢。"自从小店得此佳联，南北游客络绎不绝，其中的许多人就是冲着祝枝山的这副联来的。

清代的乾隆皇帝喜欢微服私访，相传有一天他见到北京天桥附近的一家靴鞋店虽然地处闹市，却是门可罗雀的样子，生意惨

清代在华的洋画家也注意到了中国店铺门前的楹联

淡。乾隆爷大生慈悲之心，对店家说："我给你写副对联，你的买卖保准会好起来。"店主将信将疑地取来纸笔，只见乾隆挥洒而就："大楦头，小楦头，打出穷鬼去；粗麻绳，细麻绳，引进财神来。"又加了一横批："鞋店兴隆"。乾隆走后，店家越读这对联越美，并找来几位文人同赏，大家伙一眼便认出这是乾隆爷的墨宝！皇恩浩荡，这副对联顿时引来了如潮涌一般的顾客，成为民间盛传的佳话。

具有广告倾向的楹联特别受到清代商人的重视与欢迎，《燕京岁时记》中说："春联者，即桃符也。自入腊以后，即有文人墨客在市肆檐下书写春联，以图润笔。"尤其是通文墨的儒商更是利用这种极其实用的文学形式，创作出许多以商业宣传为目的的楹联，为商业与广告文化增色不少。

商业楹联最显著的特点就是它充分结合行业、商号的情况来撰写，意境别致，内涵深刻，赏心悦目。广告楹联以雅俗共赏的立意和新颖简明的文辞介绍商家的经营所长，溢美而不失实，再加上秀美的书法艺术，常常在潜移默化中对顾客起到很好的招揽作用，成为中国传统广告的奇葩。

商业广告楹联的格式讲究文字严谨，对仗工整，平仄协调。在内容上或以暗示来吸引人，或以吉语来寄托宏愿，或以奇趣来惹人驻足，或以儒雅来表示庄重。具体到撰联技巧上，常用嵌字、反复、比喻、借代、映衬、双关、转品（词性活用）、集引、歇后、析字等修辞方法，达到了较高的文学价值和宣传实用价值，这也是商业广告楹联自明清两朝盛传至今几百年不衰的重要原因，就让我们在下面的佳联中一同品味吧。

通用联

生意兴隆通四海　财源茂盛达三江

颜（染）料行联

颜分五色霞光彩　料俱十全耀日明

澡堂联

金鸡未唱汤先热　红日高升客满堂

荡漾香汤和气脉洗心涤虑　淋漓津汗长精神振衣弹冠

酒家联

竹叶杯中，万里溪山闲送绿　杏花村里，一帘风月独飘香

醉里乾坤大　壶中日月长

理发店

相逢尽是弹冠客　此去应无搔首人

旅店联

孟尝君子店　千里客来投

茶庄联

仙露流云茗山妙品　铜瓶石鼎雅士高风

成衣铺联

愿将天上云霞服　裁作人间锦绣衣

同仁堂药材庄联

灵气秘授　琼藻新栽

谦祥益绸缎庄联

谦光和蔼　祥祉茵绘

王致和酱园联

致君美味传千里　和我天机养寸心

酱配龙蹄调芍药　园开鸡跖垂芙蓉

豫丰号烟铺联

豫建徵祥烟景丽　丰收有象雨风调

荣宝斋画店联

软红不到藤萝外　嫩绿新添几案前
重帘不卷留香久　古砚微凹聚墨多

同胜茶馆联

同是梨园翻旧曲，不须笙管嗷嘈，自有一番趣味
胜于菊部斗新妆，即此衣冠脱略，更添无限精神

中和烟铺联

　　醉客不须酒　留宾可代茶

豫丰烟铺

　　豫建征祥烟景丽　丰收有象雨风调

德元澡堂联

　　闲人免进贤人进　盗者休来道者来

同庆茶园联

　　穿红挂绿献千娇，慢启朱唇调新调

　　着紫披蓝生百媚，轻敲牙板唱旧歌

广和楼戏园联

　　广厦集鸿宾，试看大启文明，金石千声云霞万色

　　和风谐凤纬，为问几多变化，古今一瞬天地双眸

　　这副嵌字联中的"鸿宾"是贵客的意思，"大启文明"意指很好地启迪了文明，"金石千声"是千金石般的响亮嗓音，"谐凤纬"为吹到凤鸣般古筝的弦上，"天地双眸"是说浩浩天地都在演员的顾盼之间。

协盛茶园联

　　协和雅化自古为昭看闲歌三终不改当年旧谱

　　盛世元音于今未坠聆承平一片非同近日新声

195

元升茶园联

元气转鸿钧如闻盛世元音俾孝子忠臣各怀元善

升高调凤琯自有前庭升步合来今往古永庆升平

在这二副嵌字联中，"元升"二字与"协盛"二字分别嵌在上下联中，妙不可言。茶园中演员的优美唱腔，天地人和，歌舞升平的景象等被一一描绘得淋漓尽致，耐人寻味。

扇店联

羲之五字增声价　诸葛三军仗指挥

此联上联出自《晋书》的一段记载。大书法家王羲之有一次路遇一位叫卖六角扇的老妇人，看着冷清的生意，王羲之既怜悯又感慨，于是他在每把扇子上各题五个字，老人家很是不解。王羲之告诉她，您再卖扇子的时候说扇上的字是王羲之写书，每把扇子能卖个好价钱。果不出所料，老人手中的扇子很快被争购一空。下联则取材于三国故事。诸葛亮率兵出战，他乘素舆，着葛巾，执白羽扇从容指挥兵马。

④ 古人笔记说分明

由于工商业的发展，唐代的一些地方性政治军事中心和水陆要冲成为较大的商业城市，如长安、洛阳、扬州、益州、广州、汴州等。在著名的长安城外郭城有一百零八坊，据《长安志》记载，城内有11条南北大街和14条东西大街，分东西两市，仅东市内就有"二百二十行，四面立邸，四方珍奇，皆所积集"。西市较东市更为繁华。市，就是手工业和商业的场所。市有市令，规定"凡市，以日午击鼓三百声，而众以会；日入前七刻，击钲三百声，而众以散。"所见《唐六典》的这种市俗，依旧有"日中为市"的遗风。"主执钥"按时启闭市门，掌管市场交易之事。

唐后期，安史之乱使北方经济受到严重破坏，市井萧条。重要的是，封建经济活动在唐代后期遭到了一定程度的破坏，广告业的发展同时受到影响，其中以德宗年间的"宫市"为最甚。宦官当道，专恣骄横，在长安闹市强买货物，讹诈勒索，商人苦不堪言。

北宋以来，朝廷在稳定社会秩序的同时，大力扶持农业生产和商业、手工业，社会经济得以迅速提升。唐代旧有的坊市被打破，街巷遍设店铺，自由商业活动中的广告行为再度活跃起来。以北宋都城汴京和南宋都城临安为例，街市上的每家店铺几乎都拥有自己的广告宣传手段，招牌、门额、幌旗、店面装饰等，可

197

谓琳琅满目。美不胜收的市井风貌自然引起文人的关注，宋人笔记中的描述就不乏精彩之笔，它"补正史之亡，裨掌故之阙"，对研究当时的社会、风俗、人文有着重要的参考价值。

孟元老所撰《东京梦华录》为人熟知，作者将视角瞄准了北宋都城汴京，对那里的市井商俗做了多角度、多层次的记录，形色毕现。《东京梦华录》卷二《酒楼》中记："凡京师酒店，门首皆缚彩楼欢门……"汴京的彩楼、欢门实际上就是商店门面的装潢形式，五光十色，极具视觉吸引力。书中提到了一家名叫白矾楼（丰乐楼）的笺纸店，该店在宣和年间已是"三层相高，五楼相向，各有飞桥栏槛，明暗相通，珠帘绣额，灯烛晃耀"的盛大场面了。不仅如此，汴京的商店还很注重标识与招牌的设置，有字号、有匾额、有规模的店铺叫"正店"，孟元老记："在京正店七十二户，此外不能遍数，其余皆谓之脚店。"书中提及的名字号如：八仙楼、张八家园宅、李七家、长庆楼和王家等酒肆，杜金钩家、曹家、山水李家等医铺。

钱塘人吴自牧于南宋末年左右成书《梦粱录》，当时朝不保夕的炎凉世态让吴自牧不免有伤痛的心绪，他担心临安的繁华胜景会逝去，怀着沧海桑田之叹写就了这部近乎方志的笔记作品。《梦粱录》的文字优美，城市生活的点点滴滴均记录得较为详尽。全书共分为二十卷，其中卷十三、十六专门记述了临安的茶肆、酒肆、分茶酒店、面食店、荤素从食店、米铺、肉铺等。

书中说，临安的大街自和宁门权子外一直至朝天门外清和坊，自五间楼北至官巷南街，多是金银盐钞引交易铺，铺前摆金银器皿及现钱。自融和坊北，至市南坊，谓之"珠子市"，如遇买卖，动以万数。街巷中，大小铺席连门而列，没有空闲的房子。每日清晨，各行各业纷纷上市，一直热闹，正午前才收市。市面上到处有茶坊、酒肆、面店、果子、彩帛、绒线、香烛、油酱、粮食等店铺，寿慈宫前的熟肉、钱塘门外的宋五嫂鱼羹、涌金门的灌肺吃食、中瓦前的彭家油靴、五间楼前的张家生药铺、市南坊的钮家腰带铺、市西坊北的张家铁器铺、太庙前的陈妈妈泥面具风药铺、小市里的陈家画团扇铺等，近200家买卖无不兴隆，商人们的推销与广告也是想尽办法，花样迭出。

茶肆所售名茶如云，同时兼卖各种饮料。夏天出售冰镇梅花酒等解暑饮品，冬季有应时的七宝擂茶、炸馓子、盐豆豉汤上市。一些高档茶楼是专供富绅消遣或文人士大夫聚会的场所，为了招揽顾客，商人们在茶肆里精心摆上鲜花，挂上名人字画，装饰全新。在品茶的过程中，茶肆还经常安排有民乐演奏、歌吟唱曲等文娱活动，顾客娱情的同时，曼妙的声音也传至街市，这是一种潜在的招揽手段，其目的就是吸引更多的茶客前来。

店面装修最讲究的要数酒肆，如在门面彩绘欢门，设置红绿杈子及绯绿帘幕，高挂贴金的红纱栀子灯等。除此之外，酒肆的厅院廊庑中也是花木茂盛，夜晚灯火通明，营造着红火热闹的氛围。面食店的丝鸡面、三鲜面、盐煎面等颇具风味，吴自牧在描述食店门面及服务项目时写道：

> 其门首，以枋木及花样沓结缚如山棚，上挂半边猪羊，一带近里门面窗牖，皆朱绿五彩装饰，谓之"欢门"。每店各有厅院，东西廊庑，称呼坐次。客至坐定，则一过卖执箸遍问坐客。杭人侈甚，百端呼索取覆，或热，或冷，或温，或绝冷，精浇烧，呼客随意索唤。

通过上述文字可见，面食店不仅挂出半扇猪肉或羊肉作为实

《清明上河图》中气势恢宏的彩楼欢门

颇具广告效果的"孙羊店"招旗与"正店"两个大字交相辉映

物招幌，也乐于设置欢门和装饰店堂，以取悦顾客。

已经具备了资本主义经济萌芽的宋代商业和手工业，在进入元代以后遇到了社会结构总体格局和民生意识的阻碍，其原因主要是蒙古族本为游牧部族的特性和手工业者重新沦为奴隶或半奴隶的地位。总体萧条的工商环境中，大都与杭州地区的工商经济是相对繁荣的。

元代人熊梦祥所著的《析津志》载有不少元代大都民间广告活动的情况，书中在谈及酒坊的门面装潢时说：

> 门首多画四公子，春申君、孟尝君、平原君、信陵君。以红漆栏杆护之，上仍盖巧细升斗，若宫室之状；两旁大壁，并画车马、驺从、伞仗俱全。又间画汉钟离、唐吕洞宾为门额。正门前起立金字牌，如山子样，三层，云黄公垆。

如此形态多姿的户外广告形式足以引人过往观瞧，起到了很好的招徕作用。

明洪武元年（1368年），朱元璋推翻元朝统治，称帝于应天（今南京），乃至永乐十九年（1421年）明成祖迁都北京以来，历史上明代的商业、手工业、服务业等十分发达，先以南京和北京两地为南北的经济中心，后来随着大运河的贯通和漕运的兴盛，运河与长江两岸又有苏州、杭州、松江、福州、广州、武汉、南昌、成都、开封、济南、临清、天津等30多个工商城市相继崛起。各地商品经济蓬勃发展，有效地促进了广告业的繁荣。

刊刻于明末清初的《如梦录》一书，对明代商人的广告行为多有记载。如书中提及开封的一家鞋店用铁鞋作招幌，其用意是表明所售的鞋子坚固耐穿，这种招幌形式深得好评，以至于在开封流行了很长时间。另外，《如梦录》中还记录有开封街巷的招徕响器，如"惊闺"和"惊绣"等，这两种响器是开封卖针头线脑小百货的商贩手中常用的器具。

史玄编撰的《旧京遗事》对明代北京商贩有特色的曲口唱卖很感兴趣，记道：

> 京城五月辐凑佳蔬名果，随声唱卖，听唱一声而辨其何物品者，何人担市也……盖此以曼声为招，彼以感耳而引。岂市之变端亦随俗为迁徒耶。

进入清代以后，特别是在康熙年间，长江流域和大运河沿岸出现了南京、武汉、苏州、杭州、扬州等繁华的经济中心都市，同时代的北方也有京师和渤海之滨的天津这样发达的大城市。另

帽子店内外挂着幌子、灯笼、青龙牌等，充满了广告气息

外，沿海的福州、广州等地，对外贸易与日俱增，工商活动相当活跃。一些相对较小的市镇迅速成长起来，有些地方的社会经济实力甚至超过或追平京师及省会城市，如当时著名的"四大镇"和"四大聚"。四大镇是河南的朱仙镇、江西的景德镇、湖北的汉口镇和广东的佛山镇，四大聚是北有京师、南有佛山、东有苏州、西有汉口。

　　繁盛的工商环境必定会成就多姿多彩的广告风貌。皇城脚下的京师广聚天下之财，许多财大气粗的商人不仅重视店铺的招幌设置，对于店面装潢也追求奢华，绚丽耀眼。商人的目的很明确，一是要招揽顾客，二是要显示自己的实力，取信于民。以下几则清人杂记就再现了当时的精彩细节：

　　　　商店悬牌于门，以为标识，广招徕者曰市招，俗呼招牌，大抵专用字，有参以满、蒙、回、藏文者，有用字兼绘形者，更有不用字，不绘形，直揭其物于门外，或以象形之物代之，以其人多不识字也，如卖酒者悬酒一壶，卖炭者悬炭一支，而面店则悬纸条，鱼店则悬木鱼，俗所谓幌子者是也。

　　　　　　　　　　　　　　　　——徐珂《清稗类钞》

　　　　旧日都门市肆亦颇留心广告之术，特极幼稚耳。如黑猴公之帽铺，柜上踞一大黑猴。雷万春之鹿角胶，门上挂大鹿角。某扇铺之檐际悬一大扇。皆是引人注意。他若刀剪铺之王麻子、眼药铺之马应龙则转相仿效，各不下数十字，互称老铺，争执可噱。

　　　　　　　　　　　　　　　　——夏仁虎《旧京琐记》

都城市肆初开，必盛张鼓乐，户结彩增。贺者持果核堆盘，围以屏风祀神。正阳门东西街招牌，有高三丈余者，泥金杀粉，或以斑竹镶之，又或镂刻金牛、白羊、黑驴诸形象，以为标识。酒肆则横匾连楹，其余或悬木罂，或悬锡盏，缀以流苏。

——朱彝尊《日下旧闻》

京师店市，素讲局面，雕红刻翠，锦窗绣户，招牌至有高三丈者。夜则燃灯数十。纱笼角灯照耀如同白日。其在东西四牌楼及正阳门大栅栏者，尤为卓越。

——佚名《燕京杂记》

康乾盛世时期，江苏扬州社会经济之发达，足以与北地京师之盛时对峙。仪征人李斗所著的《扬州画舫录》是清代著名的市井笔记，专门记述了当时扬州的社会风俗，轻松秀美的文字中对工商习俗和广告活动有着较为丰富的描述。如扬州城有一卖熏肉的小贩，打出"丝竹何如"的广告语，在人们不解其意纷纷议论的过程中，达到了推销的目的。另外，有家香蜡铺在乡试期间向考生赠送香品，并借机命名为"状元香"，大肆广告，直切应试者心理。《扬州画舫录》中还记载有一则非常有趣的"烟戏"故事。说有一位卖水烟的小贩边卖边吸，吸上十几口不吐烟，待路人观瞧时，烟从口中徐徐而出，丝丝如线，烟色纯白，盘旋在空中，一会儿似发髻，一会儿如远山。当清风吹来，烟气将散之时又好像仙人乘鹤而去的样子，真是惟妙惟肖，出神入化。卖烟人就是靠这吐烟的奇技来吸引顾客的好奇心，起到了很好的推销作用。

再有，《扬州画舫录》中还提到了卖糖小贩的几种广告手段，有采用鸣锣唱卖办法的，有用糖做成宝塔、小乌龟、糖人、大观楼模样的，有设赌抽签的，真是各显身手。

　　杭州的广告风俗也非常有趣。清人范祖述在《杭俗遗风》中有说，杭州的水产丰富，天气热的时候，打捞上来的鱼用冰来保鲜，市上有冰鲜行的生意。冰鲜行为了推销，常雇人挑着一面大锣，一头挂着写有字号的大灯笼，鸣锣行走于岸边，告之渔船前来行内进行交易。

5 《水浒传》中的广告

  细读《水浒传》的朋友会发现，招幌点染着水浒故事的市景风物，活灵活现，极具特色。早在《水浒传》第三回中即表，潘家酒店"门前挑出望竿，挂着酒旗，漾在空中飘荡"。精彩之处在第二十三回，当武松望见前方小酒店"挑着一面招旗在门前，上写着'三碗不过冈'"时，店家设幌原本的宣传导引作用，却深深刺激了"自信一身能杀虎"的武松，促使他接连喝了十几碗酒，生发壮举，流传下了那脍炙人口的打虎故事。随后的第二十七回中"见远远地土坡下约有数间草房，傍着溪边柳树上挑出个酒帘儿"的描述，又与前文所说过的宋代画院以"竹锁桥边卖酒家"为题，以画取士的故事有异曲同工之妙。

  《水浒传》第四回，"杏花深处，市梢尽头，一家挑出个草帚儿来"。这草帚儿一时迷惑住了鲁智深，当他走进时才发现那原来是间傍村的小酒馆。当然，除广泛悬挑旗帘类市招外，酒家也不乏以草帚、酒器、葫芦等模型为幌的。草帚儿又有草刷儿之称，早在宋洪迈《容斋续笔》中就有记载。草帚本为炊具，以其象征借代为酒幌其实是有典可据的。古人曾用"扫愁帚"作为酒的别称，五代南唐李煜《中酒》中也有"莫言滋味恶，一帚扫闲愁"的诗意。

  另外，古人也常用轻贱之物，如草芥、竹篾等稍加整理就当

观罢玉麒麟写歌，别忘了看院门口有趣的招儿

酒家幌、茶楼幌出现在旧年的民俗画中，点染市井气息

作简易的幌子了，它们具有便捷与随机性。《水浒传》第七回中说："那一日，两个同行到阅武坊巷口，见一条大汉，头戴一顶抓角儿头巾，穿一领旧战袍，手里拿着一口宝刀，插着草标儿，立在街上。"第十二回又说："杨志当日将宝刀插了草标儿，上市去卖。"再有第十回言："林冲住脚看时，见篱笆中挑着一个草帚在露天里。"

幌子，别名"望子""招儿"。"望"，有远望的意思，商家的标识物远远即可望见，广告效果无疑是显见的。关于"望"，《水浒传》在第二十九回说道："但遇着一个酒店，便请我吃三碗酒……这个唤作无三不过望。""招儿"一说先见于第二十六回："那婆子取了招儿收拾了门户，从后头走过来。"第六十一回又说：(李逵)"担一条过头木拐棒，挑着个纸招，上写着：'讲命谈天，卦金一两。'"

招贴是临时性广告，一些非固定的门市时常采用这种形式。古人在"招贴"和"招牌"的概念上有时也混同使用，如《水浒传》第五十一回中说："今日秀英招牌上明写着这场话本，是一段风流蕴藉的格范，唤作'豫章城双渐赶苏卿'。"这里的"招牌"其实就是招贴。

古代走街串巷卖药的、算卦的人常常挑着白布帘招儿、纸招儿或木牌为幌，有的还附带练武术、变戏法等表演来加强招揽力。例如，《水浒传》第三回写道：(史进等人)"分开人众看时，中间裹一个人，仗着十来条棍棒，地上摊着十数个膏药，一盘子盛着，插把纸标儿在上面，却原来是江湖上使枪棒卖药的。"

6 绘画作品中的广告

宋代以来，民众的物质生活和精神生活均有了显著的提高，与此同时的绘画艺术也从有一定局限的宫廷与贵族收藏、欣赏，部分转向普通百姓的生活中来。陈师道在《后山谈丛》中记：

> 太祖阅蜀宫画图，问其所用，曰："以奉主人尔"。
> 太祖曰："独览孰若使众观耶！"于是以赐东华门外茶肆。

宋太祖的开明与赏赐，使得北宋都城汴京开茶肆的、开酒家的、开熟食铺的、开药铺的商人，无不以张挂名人字画为荣，并在民间迅速风行。新兴事物的流行最能吸引消费者的注意力，大画家李成的山水画在当时被商人们普遍看好，孟元老在《东

宋太祖赵匡胤

211

南宋杂剧《眼药酸图页》图。卖药者胸前背后挂着圆眼睛，腰间还挂着大幅广告画，极具创造性

京梦华录》中特别有记："巷口宋家生药铺，本铺中两壁皆李成所画山水。"吴自牧在《梦粱录》中也说："汴京熟食店张挂名画，所以勾引观者，留连食客。"南宋临安的茶肆也是如此，店内外插四时鲜花，挂名人书画，非常热闹。名人字画在宋代被赋予了一定的广告意义。

宋画《眼药酸图页》中有一位头戴高冠、穿大袖长袍的卖药人，他身前身后挂着许多成串的眼球模型，帽子左右也各嵌一眼球模型，冠前又挑着同样的饰物，所挎的布袋上又绘以更大的眼睛，既风趣又惹人。此人是卖眼药的。不仅仅是游医，一些药铺同样喜欢在幌子上绘几只眼睛，以示出售眼药。

张择端的伟大作品为后人研究宋代民俗与广告文化提供了重要参考

　　无论是北宋都城汴京，还是南宋都城临安，城市商业中最兴盛的行业当是服务业、饮食业、娱乐业等，各色酒楼、茶坊、食店、瓦舍遍布街巷，具有一定规模的字号叫"正店"，仅北宋末年的汴京就有70多家。至于小酒店、小饭铺等，称之为"脚店"，其服务也很周到。张择端所绘的《清明上河图》形象生动地再现了汴京繁盛的市井，与《东京梦华录》的文字描述堪称珠联璧合之作。在《清明上河图》中，东门外十字街口处就有商店设置的招牌、匾额等广告30余处。如卖羊肉的"孙羊店"，卖香料的"刘家上色沉檀楝香"，卖药材的"神农遗术""赵太丞家""杨家应症"等。孙羊店门前不仅高挑着彩条幌旗，还装饰着当时非常流行的彩门欢楼，惹人瞩目。

在明代著名画作《金陵繁盛图》所描绘的满目盛景下，五光十色的招幌格外醒目，药铺、茶庄、酒家、帽庄、米局所悬挂的幌子有单字的、双字的、四字的、六字的多种形式。商家一般在旗帜或木牌上标明文字，直观明了。有些商人似乎已不满足几个字所起到的宣传作用，徽州的吴汇源茶庄门前设有一高大长条木牌，俗称"落地招"，上书"徽州吴汇源自办名山毛峰雨前雪蕊龙井雀舌普洱等名茶发行"，字数多达26个，既表明了该号的籍贯，又说明了所售的茶品种丰富。

《南都繁会图》原名为《明人画南都繁会景物图卷》，传说为"明四家"之一仇英所绘的杰作，描绘了明末南京繁盛的市井。画中南市街至北市街商铺林立，游人如织，百余种广告招牌、幌旗，异彩纷呈，令人目不暇接，读者可见"天之美禄""东西两洋货物俱全""西北两口皮货发寄""兑换金珠""万源号通商银钱出入公平""京式靴鞋店""川广杂货"等广告标识物。这其中最让人瞩目的是"东西两洋货物"的字样，它明确反映了当时对外贸易活跃的情况。与此相映成趣的是，画中不仅有外国人牵着狮子、捧着珊瑚逛街，还有戴着洋式眼镜的行人。史学家王春瑜在《明清史散论》中说："这幅图画，就广告而言，堪称是明代大都会广告的一次大展览。"

清人所绘《姑苏繁华图》就真实地再现了清代中叶苏州的风貌，画中所绘200多家店铺挂满了让人眼花缭乱的招幌。通过广告标识不难发现，商家们不仅经营江浙土产，还有四川、广东、云南、贵州、福建、江西、山东等地的名特商品，如南京的板鸭、金华的火腿、松江的大布、山东的茧绸等。苏州商号以绸布业为最盛，画中有一家拥有7间门面2层楼高的绸缎庄，在楼上挂着"本铺拣选汉府八丝、妆莽大缎、宫绸茧绸、哗叽羽毛等货发客"的大型横幅标语，左右长达数间门面，煞有气势。

不知读者诸君是否晓得，《清明上河图》还有清院本存世。清院本《清明上河图》是陈枚、孙祜、金昆、戴洪、程志道等清宫画家于乾隆元年（1736年）合作完成的市井风俗长卷。清院本《清明上河图》参照历代仿本，集众家所长，描绘了明末清初一处商业街市的风貌，各类广告形式多姿多彩，美不胜收。

传流时间很久的实物招幌至明代依旧被商人们沿用，清院本《清明上河图》中有一处卖鞋的摊子，摊主将一双靴子吊悬于棚檐下，摊前有一位顾客正在试穿。又见一间挂有"苏杭杂货"幌子的店铺，同时在门前还挂着两把扇子，一为团扇，一为折扇，起

《白蛇传》中的保和堂挂着灵动的幌牌（杨柳青年画）

到了多效的招揽作用。画中有一家布庄在门前高挑着宽大的遮阳帘，帘上缝有一条布标，上书"本客自量松江大布"。画家对这家小店描绘得细致入微，帘下分明可见一顾客正展开布匹，似乎在查验质量。匾额、招牌的形象在清院本《清明上河图》中同样出现很多，其形式多有悬挂式、落地式等，如竖式悬挂的"松竹轩""油漆老店""人参""专门接骨"，落地式的"米粮茶食俱全""专架各省驴骡车辆"及香烛店山墙处的图画竖招（绘一巨大红蜡烛）。值得一提的是，古朴的牌楼广告、墙壁广告也出现在该画中。墙壁广告的出现与发展，为中国广告走向近现代的步伐奠定了基础。

我们必须要说的还有深得民心的年画，这一民间艺术精粹对传统商业民俗的表现有不少精彩的笔触。清初，福建漳州木版年画《九流图》所描绘的是下层社会的热闹市景。各色人等间，货郎手举货架，卖糖人肩挎食盒，他们叫卖不停，路边的剃头匠和店家热情地服务着顾客，一片忙碌。如此风格的作品还有《文昌阁庙会》。庙会戏台下如潮的观众背后穿插以小吃摊及冷饮挑子，人们似乎又听到了那悠悠的叫卖声和冰盏敲击出的清脆"嘀嘀、嗒嗒"声。至清代中叶，天津杨柳青年画艺人根据唐人诗意刻绘出年画《商山早行图》。霜晨鸡晓之时，商贾贩夫们告别店主，携货即将远行，开始新一天的奔波。客栈红灯高挂，远悬的柳条笊篱幌饰以鲜红的布穗，灵动于山野。同一时期的《白蛇传》系列年画颇为脍炙人口。其中一幅可见许仙的保和堂药材庄的檐下正挂着写有"各省地道药材"与"处制丸散膏丹"字样的两块幌牌。另外，在山东平度年画《发财还家》中，古北口城下的酒家屋檐下悬有的葫芦幌和面箩幌，也十分引人视线。

7 "洋画"中的小贩招徕

　　19世纪的中国外销画对于许多读者来说也许是比较陌生的，其实说来话长。早在18世纪初，也就是清康熙年间，洋画家马国贤和郎世宁等人将西方绘画技法传入清廷，并影响到文人画家及民间画家。大约在康熙末年的时候，中国外销画开始出现在广州这一外贸口岸城市，按当时的概念来说，所谓中国外销画或贸易画，首先是由中国画师绘制的，再者采用的是西洋绘画技法。外销画的线描或着色多呈现出中西合璧的韵味，并不是纯粹的西洋样子。值得注意的是，中国外销画被国人称之为"洋画"，"洋画"一词很快出现在汉语词汇中。从广州流向欧洲及美国的洋画，其题材内容以中国市井风情为主，所涉及民间五行八作的笔墨尤具特色，对清代中国人文在世界的传播起到了重要的作用。

　　进入乾隆年间以来，在广州绘制并销往国外的中国外销画市场方兴未艾，广州有许多专事此业的画铺，从业者众多。绝大多数画铺的主人就是技艺出众的画师，所绘佳作不计其数，道光、咸丰、同治年间，也就是19世纪20至70年代，在粤港地区最为活跃的当数啉呱、庭呱等著名画家。啉呱本名关乔昌，庭呱本名关联昌，二人为兄弟，他们的画铺也是相邻的。美国皮博迪·埃塞克斯博物馆收藏有一套（360幅）19世纪30年代中国画家庭呱所绘的素描外销画，以及18世纪末中国画家蒲呱所绘的水粉画外

在西方画家笔下，街边编发、挖耳的手艺人正专心致志地伺候着主顾

销画，非常珍贵。

庭呱的360幅线描画稿，每幅以广州街巷的行商贩夫为个体进行描绘，民生百态栩栩如生地重现在我们眼前。风风雨雨中讨生活的商贩无疑是辛苦的，他们为了多挣到一点点钱，采取各种朗朗上口的叫卖或简便易行的招揽广告：

托茶：扛运茶箱，箱上写有"上品熙春"和"同孚名茶"字样。

号茶箱：在茶箱上贴广告标签，并写上"拣选雨前""同孚名茶""第三号"等字样。

打锡器：摊前摆放修补好的锅来招徕路人。

卖竹笋：挑担并吆喝。

唱盲妹：用琵琶弹奏乐曲引人。

卖铁什物：颈肩挎浅箩，摆满刀剪等实物并吆喝不停。

卖灵符：一手用竿挑数个小灵符，一手在怀中拿着大灵符。

卖风炉：筐装小炭炉，筐上插旗，旗上写着"石龙合兴店家用风炉发客"等字样。

卖菜：挑担，吆喝。

卖笛：身后背桶，装长笛多支，边走边吹笛。

卖羊肉：挑担子，担子上挂着羊头、羊肉。

藏包先生：腋下夹布幅，上书"访医杂症"。

卖绒线：左手打伞，右手摇货郎鼓招徕。

执字纸：收废纸的人携大筐，手中执两条竹片打击发声，筐上字条写着"敬惜字纸"。

西方画家所绘的手持响锣的货郎

算命先生：摆摊，桌围布上书"卦命如神"字样。

卖腊味：挑担，担上挂满腊肉，吆喝。

扒麒麟：舞弄麒麟模型取吉祥之意，让人观瞧。操此业者用高竿将"麒麟送子"模型挑在空中，敲锣打鼓来进行表演。

卖花：手持花草，边走边叫卖。

卖药丸：摆地摊，摊上有字条，上书"驰名第一膏药""跌打追风药丸""立止牙痛"等广告词。

卖鱼圆：在摊桌的后角竖一挑竿，竿上挂着写有"合记什锦鱼圆"的幌牌。

访医先生：怀抱一大竹筒，敲响竹筒

底部发声，招徕病人前来诊病。

卖新文：卖报刊的人手拿一叠报纸叫卖。

收买银尾："银尾"是银两反复流通后剩余的碎银子，收买者肩扛大伞，收拢的伞尖上挂着一个小幌牌，上书"收买银尾"字样。

做靴：在案子上摆放几双做好的靴鞋当作实物招幌。

卖眼镜：卖者背箱，手持一挑竿，竿头挑着一个大眼镜模型。

卖膏药：卖者左手端盘，右手执竖长旗帜，旗帜上书"京都广济堂万应追风膏药"，斜挎的布袋上也标有"广济堂膏药"字样。

卖字画：肩背褡裢，手中打开两幅字画向路人展示。

卖风车：手持"干"字形货架，架上插满风车。

卖绿豆粥：敲响小铜锣引人前来。

卖叮当：卖手摇铃者提货篮，将一个小铃叼在口中，使铃发出响声。

卖蛇药：卖者摆下地摊，当众耍蛇表演，口中还不停地吆喝。

卖袜帽：卖者背箱，一手执帽子，一手执挑竿，竿上挂着各式帽子、袜子等小商品。

卖香：前后挑货柜箱，箱上标有"瑞云名香"等广告词。

织补衣服：肩扛阳伞，背小箱，手中拿着小牌，牌上写有"巧手织补"字样。

卖鱼灯：左手挑竿，用肩扛着，竿端挂着各种小花灯。右手也持挑竿，立地，竿顶有大号的金鱼灯。

卖老鼠药：肩扛货架子，横竿上不仅挂满死老鼠，还挂着十几个小牌，每个牌上写有三个字。文为："真家伙，老鼠药，小猫儿，捉一只，买一包，收老鼠，不用猫，买一包，送一包，买得成，有歌听，一文包。"

牙医：一妇人肩扛收起的阳伞，伞顶挂一面幌子，上书"凤阳精捉牙虫"。手里拿着一面小幌子，上写"牙科"二字。

做秤戥：街头设摊，现做现卖，摊桌上的支架上挂着小秤戥，桌后有一幌竿，挑着写有"自造家用秤戥"字样的幌牌。

卖梳篦：背箱，手提灯笼，灯笼上写着"大良梳篦"。

第六章

眼花缭乱的大清朝

1 "老外"眼中的清代广告

出于商务利益和外交目的，英国于1792年派遣以特使马嘎尔尼为首的百余人的使团，借向乾隆皇帝祝寿为名前往中国。经过艰苦航行，使团在1793年（乾隆五十八年）8月5日抵达天津大沽，经津城赴承德谒见乾隆皇帝。

副使斯当东是使团中举足轻重的人物，他是牛津大学的法学博士，伦敦皇家学会会员，担任使团秘书要职。在华期间，大到名山秀水，小到方言语汇，中国的一切一切无不感染着斯当东。他在几年后以所见所闻，并结合使团其他官员的个人文件，出版了《英使谒见乾隆纪实》一书，随即又被翻译成多种语言，在欧洲引起强烈反响。斯当东细腻的笔触成为200多年来解读清代中国的一部不可多得的史料。

斯当东当时在北京注意到："街道上的房子绝大部分是商店，外面油漆装潢近似通州府商店（经过地，笔者注），但要大得多。有些商店的屋顶上是一个平面，上面布满了各种盆景花草。商店门外挂着角灯、纱灯、丝灯或纸灯，极精巧之能事。商店内外充满了各种货物。"

1840年鸦片战争以后，发祥于西方社会的近现代广告逐渐传入中国，但中国本土工商业者的商品价值观和宣传理念依旧较为传统，甚至泥古，他们亮出的广告招数在初入中国的外国人眼里

奥古斯特·波尔杰描绘的清代广州街巷市景

是新奇的，自有其特色所在。

有一位名叫亨特的美国人，他在1840年以前就在广州居住过一段时间，对广州、包括东南地区的风土人情有不少了解，他在后来专门写了一本名叫《旧中国杂记》的书，将他在广州的所见所闻收录其中。亨特也注意到了广州的工商广告，在书中记载了这样一段广告文字：

> 地质坚实，选料上乘。墨质细腻，无与伦比。色泽纯黑，举世无匹。墨质优良，不惜成本。别家仿效，纯属徒劳。万甲难逢，本铺良墨。别家为得利，本号为美名。

亨特见到一位制作墨块的工匠，用印有如上广告词的薄纸包好墨块，装在用绸缎装潢得很精美的盒子里。中国人的广告语言让亨特觉得挺有趣，他在书中比喻这段广告词是"一种唱戏的调子"。

中国茶对于当时的西方人来说是神秘的，他们很难想象小小的绿叶竟能造就出一种大俗大雅的文化来。亨特在广州是否亲口品尝过"万寿堂极品午时茶"，我们虽然不得而知，但凭着心中的好奇，他记录下了这"极品茶"的广告文字：

> 万应午时茶，气味纯正芳香，性质温和，不寒不热，健脾开胃，止渴生津，祛寒去湿。总之内疾外感，本茶一概适用，岂不神奇？
>
> 万应午时，茶系按本堂主人历代家传之秘方配制而成。所用各药，均经精心挑选，品质超群，不惜工本，饮者无不称便。欢迎各界公众多采用，即使对疾病一时

未见显效，亦属延年益寿的绝妙佳品。

　　士绅商旅，出门远行，朝夕宜用此茶。可驱除四时瘴气，抵御恶劣气候。小小一杯茶，效力何神奇！每小包两块，每盒二十包。惠顾君子，请认明招牌。

　　什么绿茶、红茶、花茶等一系列的中国茶名就已经让金发碧眼的"老外"们搞不懂了，更何况这炮制而成的广州凉茶，在局外人眼里与一锅中药真是没什么两样。

流金岁月　古人的广告生活

英国画家阿罗姆在19世纪末描绘的广州街道

　　或许，凉茶的滋味让亨特不能理解，但他还是十分敬佩广州商人的品德。亨特是个细心人，《旧中国杂记》中载有一家熔金铺（兼珠宝行）的广告文字：

　　　　本铺自雍正八年开业以来，声誉素著，出售真品，

诚实无欺。向以正真为经营之道，务求取信于人，因此
驰誉各省，代代相传，遐迩闻名。

不知亨特是何时离开中国的，步他后尘的还有一位美国旅行
家约翰·斯塔德。约翰·斯塔德是1897年走海路从香港进入中国
的，此时的中国正面临外强入侵、内忧外患、动荡不安的境况。
约翰·斯塔德在游历过程中拍摄了大量的照片，并在回国后写成
《1897年的中国》一书，向当时的西方人讲述了中国的民俗风情、
社会现象、景观风貌等见闻。

约翰·斯塔德是由轿夫们抬着初进广州城的，他说，一下子就
"淹没在广州城臭气熏天曲折蜿蜒的小巷里"。他继续在书中描述：

这里的街道黑暗、弯曲，没有人行道，4至8英尺
宽，在蛇形弯曲迂回的巷子里挤满了阴暗的店铺。街道
上几乎透不进一丝阳光，不仅是因为路面的狭窄，更由
于所有的过道都被大量挤占。就在人们的头顶上，也用
木条制作成了广告的招牌，它们以蓝、红、白或是绿等
颜色居多，表面装饰着图案，展现各自的特色。

在这位美国旅行家的眼里，广州店铺琳琅满目的招幌、匾额
或许才是小街中真正耀眼的色彩，那份光亮让约翰·斯塔德记忆
深刻，他写道："阴暗之中一眼望去，拥挤狭窄的街道就像一长列
的广告招贴。"他认为这些幌牌的作用"宛如从业的标志，就像法
国商店门头上的献词"。

东西方的人文差异加之初到中国的原因，让约翰·斯塔德一时
搞不明白中国人是如何能够阅读这些幌子的，甚至让他觉得不可思

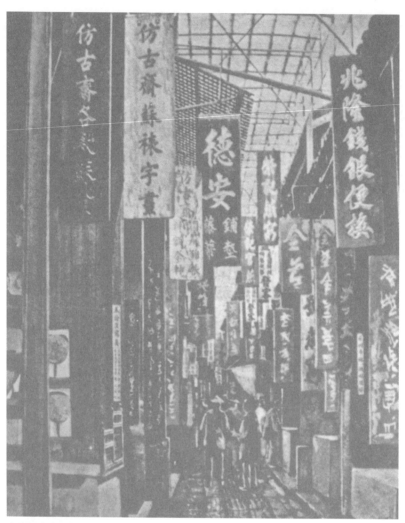

广州的老街塞满了幌牌

议。书中说，他看到广州街上的行人很多，"在这样的环境之中，要想停下来阅读一下店铺的广告，就好比骑着得克萨斯州的野马，穿越森林观察树叶一样毫无可能"。这样的描述实在具有想象力，一些外国人就是以他们的理念和眼光，对清末中国的广告风貌做了较为客观的记录，有助于我们对逝去的老广告影像的再认识。

2 来自西方商人的影响

　　清道光二十二年（1842年），英国凭借《南京条约》第二条的规定，强迫中国开放广州、厦门、上海等城市为通商口岸，"五口通商"开创了帝国主义强迫我国开港的先例。中日甲午战争后，中国又被迫签订了条件苛刻的《马关条约》及不久更为甚之的《辛丑条约》，这两个条约几乎使中国沦为经济殖民地，外国商人也因此取得了空前的经济特权。随之而来的就可想而知了，洋货以绝对的优势地位疯狂地涌入中国，洋商的大力倾销也促使报纸、印刷品、橱窗、路牌等西方近现代工商广告形式迅速出现在中国沿海口岸的街头巷尾。通过光怪陆离的广告，借助并利用几十个条件口岸，洋商加速建立着他们的工商业网络。

　　开始的时候，初到东方的外国人打错了算盘，耀眼的洋货摆在那，问津者却寥寥无几，你总不能提着枪去掏人家的口袋吧。于是，洋人们很快想到了广告。

　　广告攻略开始的时候，自以为是的外国商人还没吃透中国国情就匆匆忙忙地搞出了一系列自认为印刷精美、色彩艳丽的洋画片来，什么华盛顿、林肯像，什么金发碧眼大美女，还有西方建筑风光图等，统统远涉重洋泊至中国，随商品赠送给顾客，他们自认为中国人一定会喜欢的。然而，这份美意却遭到了中国人的冷眼。

231

就连小孩子也坐在"烟船"上品吸，足见洋商的心里究竟想的是什么。
外烟如此顺流泊来

欺人者很难体会受辱者的心绪。"洋鬼子"的武力让国门洞开，急速而来的外国文化很难一下子让国人接受，长期受大清教化的子民们总有难以割舍的民族情和爱国心。西洋广告画片的内容对人们产生的作用并不全是新奇，它不符合当时国人的生活习惯和欣赏习惯，况且有的广告还深深刺痛了人心。例如，美国的一家打字机公司印行的广告图画中，在东西两个半球的地图上本该属于中国的疆土竟被划归他人，如此严重的歪曲换来的只有国人的唾弃，谁还会买你的东西。

笔者曾见到一帧晚清时期的明信片，它很独特，它又是一份广告品，独特得令人触目惊心！

这张明信片的主画面是一位脖肩上套着刑具木枷的青年男子，沉重的木枷让他的头几乎垂下，但他仍用双手用力地托着它，那无助的目光注视着照相机的镜头。他何罪之有？椭圆形照片两侧的文字做着回答："此人窃意大利正号'马旗'真老牌橄榄油壹箱。"偷窃洋商的商品该当何罪暂且不论，洋人竟公然别出心裁地用国人的形象，用这种形式在照片上大做起了广告文章。照片下方左右各安排了一桶橄榄油图片，文字为："马旗牌橄榄油长存现货，本行如欲办者，来信照批。经理，中国东洋上海新大昌洋行进口，四川路第捌号。"

美孚油广告牌

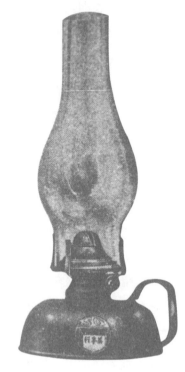

旧时几乎家喻户晓的美孚灯

不知当年是谁用墨笔书写下这一行行汉字？又是谁在明信片上方倒贴了一枚大清国的半分邮票？但眼前的图文广告却在此刻深深刺痛着我们的心灵⋯⋯

重读晚清广告，不难发现一个个"洋"字无数次地充斥在我们的视线中。

杀入中国市场势头最猛的当数英国、美国的公司，如英国利华兄弟托拉斯、通用电气托拉斯、美孚油公司、亚细亚火油公司、英美烟公司、卜内门公司等，它们对中国工商广告的发展产生了巨大影响。

读者们还记得"美孚灯"吗？美国洛克菲勒财团创办的美孚公司，于光绪二十年（1894年）在上海设立中国办事处后，相继在各大城市设立分公司，专营批发，进而又建立了经理处、代销点等一整套完善的销售网络。美孚除去大量的媒体广告外，还特别制出铁皮座玻璃罩的油灯，上写"请用美孚石油"的广告字样，俗称美孚灯，用来促销油品（买2斤油送一盏）。美孚公司仅用了10年的时间就垄断了中国煤油市场的半壁江山，一盏美孚灯于此背后所起到的公关与广告作用无疑是巨大的、成功的。

美孚油并非高枕无忧，随后进入中国市场的德士古火油公司、亚细亚火油公司与美孚展开了激烈的竞争。广告是抢占市场的主力军，几家公司均以上海为基地，请当地的名画家绘制中国古典故事题材的月份牌广告画，大量发行赠送，颇具宣传效果。有的发行中国条屏式的，有的推出对开大幅的，他们比着热闹。

国际化英国卜内门公司中国分公司于光绪二十六年（1900年）在上海创设。卜内门创办之始即大兴广告战略，光绪三十一年末（1905年），卜内门请画家虞俊夫专门绘制了一幅月份牌广告画。画面采用传统中国画散点透视全景（多景）绘画形式，全面描绘出卜内门洋碱、化肥的产、供、销、用等一系列细节，画面中的码头、车站上，卜内门产品运输、装卸繁忙，公司门前人声鼎沸，远景农田间的农夫背挑化肥好不忙碌……此后，卜内门又请金梅生以东方淑女形象为主画面再次绘制广告，画面上端为"请用卜内门肥田粉"，左右的对联广告语言："各种植物均可施用，收成增加获利优厚。" 卜内门曾长期垄断我国的化肥、纯碱等化工产品的进口业务，触角遍及我国各地城乡。

说起仁丹，许多读者并不陌生，想想旧时那"仁丹胡儿"无处不在的广告阵势，令人记忆犹新。19世纪末、20世纪初，"中将汤""大学眼药""仁丹"等日本汉方药相继进入中国市场，行销最久的仁丹号称"环球无二"。仁丹进入中国市场后很快就在天津、汉口、上海等地设立分行。仁丹非常重视广告宣传的重要性，什么报纸、印刷品传单、月份牌画、户外墙壁广告铺天盖地，仁丹在广告中不厌其烦地重复着"主治：中暑伤寒、水土不服、腹

清末新旗昌洋行的"游皇宫"图广告商标

痛吐泻、猝倒昏迷、头痛目眩、酒醉船晕、食积不消、虚弱贫血、虫蛀牙痛……"简直就是无所不治的"灵丹妙药"。

西方资本主义的经济侵略与洋货的倾销，也激发了中国人爱国、强国、发展民族经济的热情。

早在光绪三十一年（1905年）春，上海人民就率先发起了抵制美货的运动，反对美国迫害华工，在全国各地引起强烈反响。与此同时，天津商界200余人在天津商务总会集会，发表《不售美货说帖》。广州的一家风筝铺外悬挂的风筝幌上愤然写上了"结成团体，抵制美货"的口号，苏州商家在店外纷纷挂起"本宅不卖美货"的牌子。

工商业是城市经济的重要组成部分，特别是在没有经过工业革命的中国，

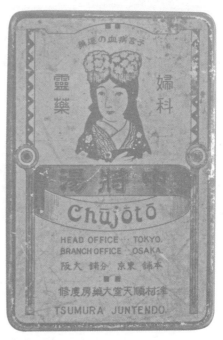

最早进入中国的日本汉方药"中将汤"包装盒

清末天津南市的牌楼上高挂着洋商品的广告

工商业对城市近现代化所起到的作用就显得格外突出了。洋务运动以来，清政府和北洋政府面对国内外的种种形势，相继颁布各种章程，实行奖励实业、提倡工商的政策，使各地民族工商业有了很大发展。

　　光绪二十八年（1902年）至三十三年（1907年），袁世凯任直隶总督期间设实习工厂传习工艺，设考工厂、劝工陈列所启发工商知识，设高等工业专业学校培养技术人才，兴办实业，使中国北方风气大开。周学熙于此间受派主持北洋实业，光绪二十九年（1903年）赴日本考察工商业后，在天津总办直隶工艺局。直隶工艺局所属的考工厂（劝工陈列所）的职责之一"演说工商要理"曾坚持数年，影响十分广泛。在光绪三十四年（1908年）秋的一份《北洋官报》的告白栏中有一则"工商演说广告"十分引人注目：

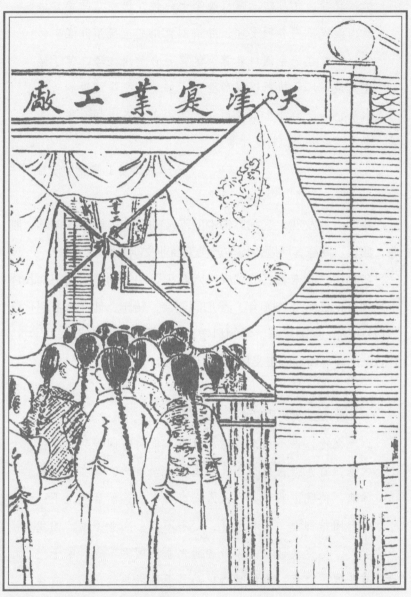

清末，天津实业工厂吸引了不少市民

启者，九月初三晚八钟至十一钟，仍在东马路宣讲所内演说工商各项要理，并请刘巨川先生接演开煤矿之法，纪管岑先生演讲珠算、笔算会合适用之理，何子琴先生演说广设机器以兴商业论，韩镜湖先生演说制硫强水法，李子鹤先生演说商业道德。务希各工届时惠临入听，不取分文，特先布告。

天津劝工陈列所谨启

我们不难发现，这则广告中所涉及的开矿、机器、化学、制造、数学、商德等话题，均与近代工商业文明有关。

在四川，清末著名的"戊戌六君子"中的刘光第之子刘长述于光绪三十二年（1906年）参加同盟会，转年，他在家乡赵化以"启发民智，爱国爱乡，学习科学，锻炼身体"为宗旨兴办学堂，并张贴出洋溢着爱国主义精神的招生广告：

敬告故乡父老兄弟：洋人侵凌我国，瓜分之祸日急，血气之伦，谁不痛愤！缅思救亡，惟有富国强兵。富强之基，首在振兴教育，开展民智，学科学，兴实业，练体魄，使我方四万万人，人人有智有能，然后能上下一心，团结御侮。民智不开，心志不齐，实业不振，国我无关，亿兆涣散，是今日贫弱之原！国之不存，家于何有？奴虏之祸，谁能甘心！必具爱国之热诚，然后有视死如归之战士，然后有忠勤尽瘁之士大夫，然后能四民无荒，人效其谋，人尽其力，慑强寇于四邻，安兆庶于衽席，宁非盛事！爰集同人，兴办半日小学，挥发爱国

热情，树立富强之基；昔日本维新，法报德仇，皆自小
学教育始，愿我乡人子弟，踊跃就学，工读兼顾，便利
殊多，实深企望！

宣统三年（1911年），身为内阁总理大臣的奕劻， 悍然欲将
商办铁路收为国有，引发了商界的群起而攻，社会各界也纷纷支
持商人。从四川的保路风潮到武昌起义，辛亥革命随之成功。与
商界深有关联的民国建立后，商人更加成为社会的重要角色，发
展工商业成为各界的共识，中国广告业也由此迈向新的里程。

3 猛于枪炮的烟草

一个越洋而至的"海盗"持刀立于甲板，虎视眈眈的样子，当国人第一次见到这家伙的时候是多么不情愿，它包裹的烟草曾一度被称为"强盗牌"。它吸引了烟民的同时，进而又暗暗盯上了中国庞大的市场……

光绪十六年（1890 年），美商老晋隆洋行率先在上海贩卖香烟，并于转年在天津开办卷烟厂，老晋隆的"品海牌"烟标成为中国第一个香烟包装图案。"品海"，英文PINHEAD，大头针的意思。这两头可吸的稀奇之物一下子引来了无数烟民痴迷的目光。两个别在纸片上的大头针本属凡物，当时的瘾君子或许最多只意识那是个小小的纸包皮，拆封、品吸、随弃的过程中，真正意义上的烟标文化由此始端。随后，希腊商人建立的正昌烟草公司将皇冠、僧帽、狮子等形象搬上烟标，先后注册了让国人喜闻乐见的百余种烟标图案，以期最大限度地占有市场。值得注意的现象是，洋商们为倾销烟草，不断改变着最初的洋包装，英文汉译的同时，更多选择了以中华文化为基础的图案与形式，设计烟标和广告，以博得顾客的认同感，加强营销。

在清末，是英美烟公司将西方许多最现代的广告手段引入了中国，他们在倾销烟草，牟取厚利的同时，从某种意义上也促进了中国广告由传统走向近现代化的步伐。

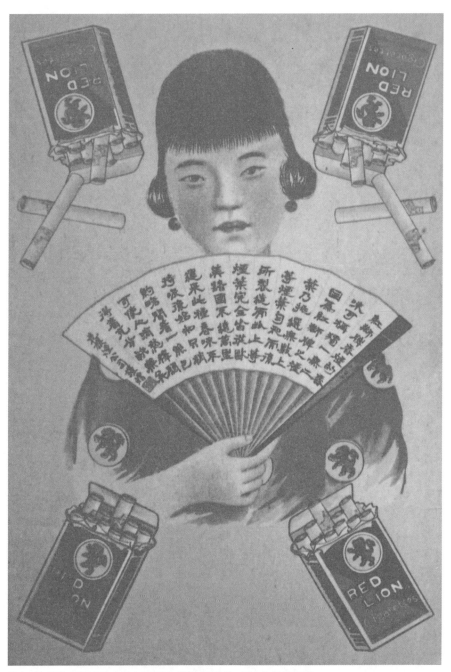

清末"红狮"香烟广告中的女子打扮"格格不入"，但广告效果显著

洋烟广告依附于中国古典故事的画面，背后还印有清宣统二年的月历，好看且实用

就是"他"迅猛地杀入了中国烟草市场　　　清同治年间的"爱国军"香烟广告

　　在1902年的伦敦，国际烟草托拉斯英美烟公司在此成立，首任董事长就是美国烟草大王杜克。同年，英美烟公司投资在上海博物院路购地建房作为分支机构，在浦东陆家嘴兴建厂房，从国外运来机器，利用中国的廉价劳动力，日夜制造香烟。此后，又在天津、汉口、青岛、哈尔滨等地设立了11个卷烟厂及辅助烤烟厂和印刷厂。英美烟公司在中国各地建厂之时，各类西方近现代广告形式也相继舶来涌入，日渐红火，报刊、印刷品、路牌等各类广告媒介齐头并进，群雄逐鹿。英美烟公司借此风潮，用五花八门的广告大肆宣传，促进了生产与销售。

　　受洋务运动的影响，清政府数次下令，要求各地编练新军。光绪二十九年（1903年），直隶总督兼北洋大臣袁世凯以天津南郊小站为基地进行练兵。这支新式陆军自成系统，装备精良，训练严格，饷械充裕，规模首屈一指，在中国近代军事史上具有重要意义。

245

英美烟公司包装车间的华工忙碌着，为洋商创造了巨大的效益

　　就在同一时期，英美烟公司以敏锐的眼光，迅速将新军形象移入其香烟品牌，推出"爱国军"牌5支装香烟。"爱国军牌"香烟包装上的中国军人身着新式军装，飒爽英姿，军人身后的来复枪和大清"飞龙"国旗颇具时代感。"爱国军"香烟在广告中写道：本厂精选上等细料，佳制爱国军香烟，久已驰名，今因推广格外加工，无不精益求精，气味清香，诚应世之佳品。凡蒙赐顾，请驾至英美烟公司各埠经理处，发售可也。

　　面对洋商咄咄逼人的态势并将新军画上了香烟包装，正在天津推行"实业新政"的袁世凯岂能熟视无睹。袁世凯引进日本设备，在小站练兵营田建成官督民办的北洋烟草公司，此乃国人自己兴办的第一家纸烟厂。新品纸烟随即进呈慈禧御用，深受嘉赏，此烟于是定名为"龙球"，并畅销各地，与英美烟草形成了有力的竞争。

4 彩票与广告同样诱人

中国传统的博彩游戏起源很早，由皇宫遍及民间。现代意义上的彩票最早出现在上海，约于19世纪60年代末、70年代初兴起，分国内和国外两种，国外票又分吕宋票和东洋票等品种。

上海人戏称彩票为"白鸽票"，这名字的缘起和女人还有些关联，说起来挺有趣。清同治、光绪年间，上海的时髦词中有"放白鸽"一词，什么意思？放白鸽是指自愿卖身或出嫁的女子到男方家一段时间后，不是偷了钱逃之夭夭，就是诬陷控告，然后一走了之，男方落得个人财两空，而女子不劳而获，得银多多。白鸽票的名字就借助了这层意思。

彩票中以吕宋票最有影响。吕宋，即今天的菲律宾。吕宋票的发行者是占领菲律宾的西班牙殖民当局，吕宋票的获奖号码通过电报的形式迅速传到上海。同治十二年（1873年）十月十五日的《申报》刊登广告云：

> 十一月吕宋白鸽票对号已到，贵客欲看者，请至本行来取可也。十二月大票今已接到，从前已定银之客，请带收票来取可也。
>
> 华十月十五日，望益纸馆启

最初，销售吕宋票的只有上海别发洋行和望益纸馆两家，由于票行要抽取"红票"（获奖票）的15%为回扣，所以这行大有钱赚。加之彩迷的热情，于是乎没出几年，上海的票行就如雨后春笋一般遍设街巷了。宣统元年（1909年）的《新上海》中就有这样一段文字："只见店铺鳞次栉比，招牌儿密密层层，金书大字，什么必得利咧，快发财咧，亿屡中咧，更有红牌儿写着头彩志喜、三彩志喜、明日开彩、快请发财等，五花八门，几于目不暇接。"您瞧，彩票广告都做到这份儿上了，能不让人动心吗？老上海南市是彩票销售最集中的地方，到了这地界儿，到处都是彩票的叫卖招徕声，就差直接拦路拉行人进票行了。当时有位陆姓文人记曰：

> 耳朵里只听得湖北票后日开彩，还剩一张头彩，可要买了去！江南票可买两张，上月的头彩是小号卖出的呢！那边又道，喂头彩不要错过了，快来买，快来买！只见每家柜台里头都靠着一人或是两人，手里高擎着彩票，高声喊嚷。

在清末，即使躲过了叫卖"噪声"，回家看看报纸也让你不得清闲，因为报纸上连篇累牍的还是彩票广告。仅以光绪十八年（1892年）七至九月间的《申报》广告为例，就可让我们读上几则：

> 自运吕宋票，专拆同业，兼售门市。远处信购，原班回件。红票克以兑现。请至上海棋盘街，鸿昌号批发。

> 光得大彩，专接批发，并收各号红票公道，上年正月、三月、六月头彩，四月二彩，本年五月二彩，早已

清末上海的赛马场吸引了不少观众，其中不乏彩票迷

声明。现售逐月吕宋票，格外克己，函购立奉，认明聚宝盆为证。

上海棋盘街鸿运通

通过上述广告可知，清末的票行是开展函购业务的。函购需要信任与诚信的营销策略，难怪彩票商在广告中还特别注明有"原班回件""克己兑现"及认明某标识为记之类的内容呢。

吕宋票约在光绪二十四年（1898年）下半年在中国停售，同时在其他国家也纷纷停发，其原因是美国对西班牙宣战，战败的西班牙将菲律宾割让给了美国。

老天津最为盛行的博彩当属赛马会彩票。自清光绪二十七年（1901年）天津海关税务司德璀琳修建英商天津赛马场以来的40余年间，天津的赛马会组织有7个，马会发行的彩票炙手可热。普通"马票"每张1元、2元，面额最大的是"香槟票"，售价

让人眼花缭乱的彩票广告

250

10元。摇奖办法如赛前售出1000张彩票，出马3匹，将1至3号球投入一大铜球内，当众摇出马号，再将1至1000号球投入另一大铜球内，摇出彩票号。摇出的号球如分别是2号和868号，依此类推摇出各马匹对应的不同票号公布，如果2号马胜出，那么868号彩票即中大奖。接二连三的赛会前，不仅赛事前瞻成为各大媒体的热门话题，"大香槟彩票头奖独中五万"等广告更是抢眼刺目。

马票、香槟票常由马会委托专门票行或服务业店铺及个人代为推销。票行一般提取4%的金额，有时还要向中奖者索取赏金。大小票行所经营的彩票、奖券品种不少，连篇累牍的宣传广告不断刺激着人们求财、发财的念头。可以说，浏览五花八门的彩票广告是了解老天津博彩业最直观的窗口。宣统二年（1910年），位于天津法租界的长春栈票行广告即云：湖北大票，头彩五万；安徽正票、副票，正票头彩四万元，副票头彩一万元。屡中大彩，四远驰名。同时又言：批发零售，一律减价，望发大财早购为盼。大小票行的广告接二连三地出现在津城报刊，各类马会彩票的名称可谓洋洋大观，什么伦敦大香槟、英商大香槟、美国慈善香槟、福乐丽、开滦小香槟、上海爱多小香槟等，奖金从几十万元至几千元不等。与此同时，中彩公告也穿插在广告中，如："福乐丽5477请来取洋""慈善2684英界一针公司独得"。

5 梁启超率先使用"广告"一词

　　中国广告虽然起源很早，但直到19世纪末，我们的语言文字中还没有出现"广告"一词，古人习惯使用的是"告白"二字，清末的中国商人在报纸上刊登广告依旧叫"买告白"。戊戌变法失败后，梁启超流亡日本，在那里得到其夫人李蕙仙的堂兄的资助，于1898年12月23日在横滨创办了《清议报》。《清议报》为旬刊，载有论说、名家著述、杂俎、文苑、外论汇译、纪事、群报撷华、广告等，以广民智、振民气为宗旨。

　　《清议报》的每一细节无不显现着梁启超的改良思想，以及对世界新思潮的关注。梁启超对于报刊广告这一近现代宣传形式的价值有着足够的认识，《清议报》在创刊的第一期尾页就刊登了招揽广告的《告白价目》。1899年4月30日《清议报》出版第十三期，刊末是该报用日文发布的招登广告的稿件，题目为《记事扩张卜广告募集》，并附有广告价目的《广告料》一则。这是目前所知中国人在自办的中文报刊上最先使用的"广告"一词。

　　梁启超及其《清议报》对"广告"的率先使用并非事出偶然。梁启超到日本后，西方的社会政治学说和新闻理论对他影响很大，《清议报》的创办，更好地实现和传播着他先前提出的报刊要"去塞求通"的观点。梁启超认为，国情的通与塞关乎国家的强与弱，"通"即包括通上下和通中外，"广告"一词的导入，正是"通"

的具体表现。再有，梁启超在《清议报》上曾专门论说办好报刊的四条原则。其中"思想新而正""材料富而当"的观念即强调新思想、新知识对读者的重要性，"富"就是"能使人读其报，而全世界之知识，无一不具备焉"。在国人积淀丰厚的语言文字中，对于新词汇的认定与流行并非易事，将"广告"一词作为新知传播给国人，也反映出梁启超的良苦用心和超前意识。

梁启超的"广告"理念很快影响到国内媒体。光绪二十七年（1901年）10月18日的上海《申报》，首次在国内报刊使用"广告"一词，刊登的是《商务日报广告》。此后，传统的"告白"与现代的"广告"并行使用。光绪三十二年（1906年），清廷成立农工商部，农工商部随即创办了商业刊物——《商务官报》，同年第二期所载的《美国商用输出入通法》一文中，作者谈到如何向国外推销货物时写道："一曰储养巡游外国卖货之人……二曰多设广告之法，使店与货物之名得闻于外国也。"这是目前所见中国官办报刊最早使用"广告"一词的记载。同年，清廷《政治官报章程》创刊，"广告"一词也很快出现在该刊中，"广告"相继得到中国官方的认可。

6 报纸广告的出现与兴盛

我国是世界上最早出版报纸的国家，但我国古代的报纸，从唐代的《开元杂报》至明代的《京报》都是不刊登广告的。

在1815年，也就是清嘉庆二十年的时候，世界上第一份近代中文报纸在马来西亚创刊，它的名字叫《察世俗每月统记传》，该刊在创刊号上即刊出了一则招生广告——《立义馆告帖》。"义馆"是位于马六甲的一所以马来西亚华人为对象的免费学校，同为《察世俗每月统记传》的创办人开设。广告中说，我们已细想过教子弟的好处与不教子弟的恶处，因此在马六甲设立一义馆，请中国广东、福建两省朋友中没有从师读书的孩子来敝馆从师学习，成为社会人才。义馆不仅免费为学生们请教师，还无偿提供纸、墨、笔、砚、算盘等学习用品。广告最后还特别客气地写道："若肯不弃，而愿从者，请早带子弟先来面见叙谈，以便识认可也。"后来，《察世俗每月统记传》又免费向华人赠送书籍，并在该刊上登载广告，加以宣传。

道光七年（1827年），广州首次出现了英文报纸——《广州纪录报》。这份商业味很浓的报纸是由英国的一位鸦片商创办的，其目的是要发布物价行情，为英国商人向中国倾销商品提供信息服务，广告性质显而易见。

从近代报刊的角度而言，目前所知在中国出版的第一份中文报刊是《东西洋考每月统记传》，它是由一位外国传教士于道光十三年（1833年）在广州创办的。《东西洋考每月统记传》以宣传基督教教义、科学知识、文学知识为主，并逐渐在刊物上登载行情物价之类商品信息，如"省城洋商与各国远商相交买卖各货现时市价"等，为中外贸易提供了便利。

在中国近代报业发展史上，首次刊登真正意义上的广告的报刊为《遐迩贯珍》。这份月刊由英国传教士于咸丰三年（1853年）在香港创办，刊发香港及内地新闻的同时也刊登一些商品信息或航运消息等。《遐迩贯珍》最初并不对外招登广告，但一年下来经

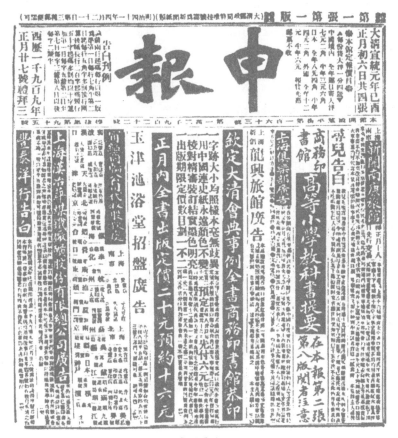

清宣统元年（1909年）正月初六日《申报》报影

营上的亏损越来越多，也许是在无奈之下，该刊于咸丰四年（1854年）末刊出了招揽广告的启事，说明登广告之益处，并附录了广告价目。《遐迩贯珍》的招揽很快收到成效，于转年新年即开辟了"布告篇"栏目，专门刊发收费广告。许清茂在2000年第4期的《新闻与传播研究》杂志中撰文介绍："不仅有外国在华公司、轮船、商店、贸易公司等的广告，也有外国药品和在港医生的广告，还有学校招生广告等。每则广告都加有醒目的标题，标题字号都占两行位置。编排清晰整齐，广告文字清楚明了，没什么浮华夸饰字句，这可能是华人代写或翻译的。"《遐迩贯珍》的"布告篇"是最早出现在我国报刊上的广告专栏。

内地报纸刊登广告的首倡者是谁？言此，很多人即会想到同治十一年（1872年）创刊的《申报》。其实，早在咸丰十一年（1861年），一份中文日报《上海新报》就在黄浦江畔诞生了。我们不妨瞭望一下西方同时的情况。正是这一时期（1850—1911），世界最有影响的报纸相继创刊，如《泰晤士报》《每日邮报》等，这些报纸在当时的主要收入大多依赖于广告。

《上海新报》创刊之初即以经济报道、商业信息为主，他们在显著的位置刊登启事：

> 开店铺者，每货物不销，费用多金刷印招贴，一经风雨吹残，或被他人扯坏，即属无用……似不若叙明大略，印入此报，所费固属无多，传阅更觉周密。

另外，《上海新报》在发刊辞《本馆谨启》中又说道：

> 大凡商贾贸易，贵乎信息流通。本行印此新报，所

有一切国政军情、世俗利弊、生意价值、船货往来，无
所不载。类如上海地方，五方杂处，为商贾者，或以言
语莫辨，或以音信无闻，以致买卖常有阻滞。观此新报，
即可知某行现有某货，定于某日出售，届期亲赴看货面
议，可免经手辗转宕延，以及架买空盘之误。

　　如此诱导确实起到了一定的作用，随着商人们推销与宣传意
识的增强，一些产品开始在《上海新报》上刊登广告。到了同治
七年（1868年），该报还打破陈规为铁制柜子、风琴等时髦商品广
告配上了图画，并附以说明。配图广告的出现在社会各界产生了
强烈反响，中国报刊广告也由此步入新的发展时期。

　　清末，最耀眼的报纸广告非上海《申报》莫属。《申报》创办
于同治十一年三月二十三日，即1872年4月30日。《申报》在形

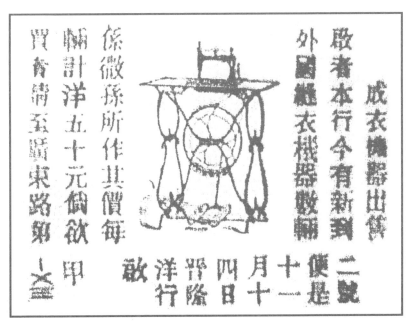

清同治十一年（1872年）《申报》所刊的第一则配图广告

式上学习西方，登载广告的目的就是谋取商业利益，这一点在创刊第一天的头版头条写得很清楚："新闻纸之制，创自西人，传于中土。向见香港唐字新闻，体例甚善，今仿其意设申报于上洋。"同时，广告的收费原则也刊登在显著位置。创刊号上刊登有全泰盛信局、周虎臣笔店、缦云阁、衡隆洋货号等多则广告，部分照录如下：

　　本局开设上洋二马路，专寄天津、烟台、湖南、湖北、镇江、九江、扬州、南京等处信件，均各处设有信局分送不误。

全泰盛信局　启

　　本号开张在大马路，专门镜面哈喇大呢、哆罗彩呢，荷兰公司羽毛哔叽、花素羽纱、羽绫，新式五彩花布，各样牌子原布、粗细斜纹洋标布等货，必应俱全。倘蒙士商赐顾者，公平交易，诚实无欺。认明本号招牌，庶不致误。

衡隆洋货号　启

　　本店开设在四马路文运里间壁，专办书画、扇子，装潢字画，极其雅趣，漂净颜料，极其精致，价廉而公道。凡士商赐顾者，请至小号面议可也。

缦云阁　启

　　《申报》一直将广告收益视为重中之重，他们不断在头版显要位置刊登广告的收费价目，晓之于工商各界和广大民众，招揽生意。光招揽还是不够的，《申报》很聪明，他们在新闻、印刷、发行等环节无不殚精竭虑，其新闻之丰富，发行之广泛，印刷之精良，直接促进了工商业者在《申报》的广告投放量，很快，《申报》广告连篇累牍地火了起来。

从内容上看，最初广告的绝大多数是外商的产品，洋商、洋名、洋品牌，满目皆是。各种商品只要想进军中国市场，以上海作为突破口是极其关键的举措，所以洋商洋货无不竞相《申报》这个宣传平台，广而告之，其范围从药品、保险、电器到烟草等。《申报》的广告之盛很快拉动了中国本土经济广告的热度，该报广告迅速扩展至银行、文化、布匹绸缎、日用百货、戒烟、个人启事等诸多方面。一眼望去，让人眼花缭乱，细细品读，又有无所不包的便利之感。

《申报》广告在设计、排版的理念上颇具追求，尤其一些外商广告更是图文并茂，相比传统的文字密排式广告要醒目、活跃得多。一行行英文时常与颜体、魏体的汉字标题相并行，黑底反白字的横式或竖式标题屡见不鲜，说明文字大小不同，繁简有秩。除了某一商家独包头版之外，头版的各种小广告的面积一般不大，内容五花八门，通过细线分割，密集但不凌乱。

虽然在同治七年的时候《上海新报》就曾刊登过配图小广告，但昙花一现给人的印象不深。同治十一年十一月十四日（1872年12月14日），看惯了文字式广告的读者们，打开刚刚出版的《申报》，惊奇地发现密密麻麻之间跳出了一小幅图画，一架缝纫机跃然纸上。这就是《申报》所刊的第一则配图广告稿，广告的主人是晋隆洋行。这则配图广告分为上下两部分。上半部分的中间画着一架缝纫机，图画左右所留空白恰好突出了图画。可别小瞧这两处留白，这在当年足以用大胆二字来评价。有了图的吸引，读者自然会细读下半部分"成衣机器出售"的文字，文中提及的进口"缝衣机器"每台的价格是大洋50元。晋隆洋行借此出奇制胜之风，将这则广告在《申报》连续刊登了3个月之久。其实，广告不在乎大小，关键是它能否拥有独树一帜的视觉效果与创意。在百多年后的今天，我们再读晋隆洋行的这则小广告，是否觉得比当下千篇一律的附庸着媚俗女郎的广告更有看头呢？

有资料显示，光绪末年《申报》的广告版面约占全部版面的十分之五六，异彩纷呈也好，光怪陆离也罢，《申报》的广告似乎让人无处遁逃。土洋商品竞相投放，中西广告理念并存，无不粉墨刊发，读者们阅读并接受着广告带来的信息，心也随之而动，广告与消费拉动了城市经济的进步，这在十里洋场的大上海显得尤为突出。

在晚清，与上海《申报》齐名的北方报纸非天津《大公报》莫属。

光绪二十六年（1900年），天津经历了她城市史上空前的两件大事，义和团运动和八国联军屠城。就在这国破民困的历史时期，英敛之在津创办了蜚声中外的《大公报》，它以鲜明的"论说"与"敢言"而著称，不畏强权，提倡爱国和新思想也体现在英敛之办报思想中。

创办初期，《大公报》除经常刊发洋商广告之外，公益广告、教育招生、书籍出版类广告也占有一定的比例。《大公报》曾在报头下显著位置刊发告白："本馆专印一切华洋书籍告白、仿单，意在招徕，价值从廉，外埠由邮局订印，各件定期不误。"商务印书馆、教育品陈列馆等大大小小的广告，从多侧面向读者传递了相当的文化信息。如此，《大公报》为进步思想的传播提供了空间。

光绪三十一年（1905年）春，美国政府因欲胁迫清政府再次

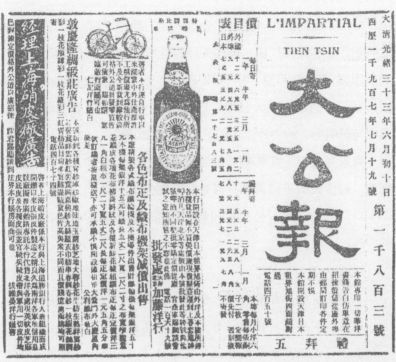

清光绪年《大公报》报影

清末《大公报》上的
烟草广告

261

续订歧视华工的条约，激起了全国人民的强烈反对。《大公报》与之响应，拒刊美国广告，倡导天津百姓抵制美货。随之而来的是，袁世凯以"有碍邦交，妨害和平"为名，下令禁邮禁阅《大公报》，但毫无收效。《大公报》广告在进入民国后达到鼎盛，发行量也与日俱增，给中外读者留下了深刻的印象。

清末有些报纸广告充分反映了当时社会、经济、民俗的诸多细节，对今天的研究者颇有益处。宣统元年四月十二日（1909年5月30日）的《绍兴公报》刊有一则名叫俞源兴的商铺新到货品的广告：

> 汽油纱罩自来火灯，能比十盏灯光。手摇脚踏缝衣新机，家用极其快便。男女飞轮脚踏快车，一时能行百里。尺贰戏片大号机器，声音比前清爽。天字头号照相镜头，远近快慢能照。大中小号照相机器，传教照相方法。新到头等金银名表，坚固走准勿修。异样新式大小钟表，绍河初次运到。修整机器家伙作料，购买自己能修。脚踏车、机器戏出赍，价照上海公道。套花"胜家"缝衣机器，照公司式出租。花色甚多，如蒙光顾，货真价实保用。

通过上述广告可知，在当时像绍兴这样的中小城镇不仅商业繁荣，人们的生活也是比较时髦的，如自行车、缝纫机、照相机等正在通过广告的诱导和商家周到的服务逐步进入家庭。

7 报纸广告的价格

英国传教士在香港创办的《遐迩贯珍》率先刊登广告后，信息远播广州、厦门、宁波、上海等通商口岸。不久，该刊自发广告宣传并说明价格，称："若行商租船者，得借此书以表白事款，较之遍贴街衢传闻更远，则获益至多。今于本月起，将有数帙附之卷尾，以载报贴。"这里的"报贴"即广告的意思。当时，《遐迩贯珍》每50字以下收费1元，重复刊登则取半费。编者说，所获广告费绝非利润他用，只是用以每月3000本刊物的开销而已。

《上海新报》《申报》等中文报纸以商业报刊的形象相继开展广告业务宣传，招揽刊户。

《申报》在创办之初的广告价格是：每50个字第一天250文铜钱（作价2角5分），第2天至第7天1角5分，第8天1角2分5，外埠广告交由卖报人代理，广告费一半可留作代理人的饭资。《申报》初创时的发行量不足千份，几年后迅速增至四五千份，为此，《申报》于光绪三十二年（1906年）引进了当时较为先进的滚筒印刷机（大英机），每小时可以印刷报纸千余份，有效满足了日益增加的发行量需求。发行量的扩大与市场的需求，《申报》广告价格自然上涨。《申报》在光绪末年的广告刊例为：首日每字取洋5厘，第8日起按日每字取洋2厘半结算，字数则先以50字之处为率，多则以10字逾加。

光绪二十八年（1902年）天津《北洋官报》的创刊始开中国官报业之先河，但中国的官报直至5年后才见刊广告。光绪三十三年（1907年），清廷《政治官报》顺潮流一改不刊工商广告之规，通过启事招募银行、铁路、工商业等刊登广告。《政治官报》后改为《内阁官报》并又制定了详细的广告发稿章程，公布报端。如：随报附送印单告白文稿5行起刊，每1至3日每日收5元，刊于报纸的广告，每日半版收10元，连续刊发优惠。另外，针对事业机构、学堂等公益广告，酌收半费。

宣统元年（1909年）的《江南日报》广告价格为：第一日每行收大洋3角，第2日至第7日每行收大洋1角5分，第7日以后每行收大洋1角，以月登每日每行照1角计算，常年登每行每日照5分计算。特别告白面议。学堂善举及关于公益事项之告白照价对折，封面加倍。同一时期的《东三省日报》广告价格为：凡登一期每字取洋4厘，登两期至半月者每字取洋3厘，登全月者每字取洋2厘，登半年及全年另议，以50字起码，登二号及封面者加倍，用木戳及商标者，其所占之面积概照4号字所占之面积核算，余如有关公德及义举者，临时酌量办理。

通过以上广告刊例可知，一些报馆对于教育、公益等善举的广告纷纷实行优惠政策，这也为报馆在读者心目中树立了良好的形象，可谓有效的自我广告吧。

清末，报纸广告价格随行就市的特点是较为突出的。如果自家报纸的内容没有太多的引人之处，且发行量有限，在这种情况下仍将价格定高，广告客源之少就可想而知了。反之价格定低了也会为报馆带来一定的损失。所以，许多报馆在制定广告价格时，都在充分考虑自家新闻的吸引力、副刊的生动性等诸多因素，同时也互相参照，费尽心思。看看同行的新闻优势在哪里，广告优惠条件是什么，客源都集中在哪些行业等，报馆有时在广告价格研讨、定制的过程中用如履薄冰来形容一点都不过分。一些报纸的广告价格涨落起伏很快，二三十天，三五十天一调整并不是什么新鲜事。加之大小报刊众多，商家在谁家做广告并不固定，这也促使报馆要给刊户更多的实惠，无形加剧了广告业的竞争与发展。

后 记

  早在七千多年前，甲骨器上所刻的符号已经开始显露出远古广告文明的曙光，神农氏时代集市的出现，为我国古代商业广告的萌芽提供了沃土。三千多年前殷商甲骨文中出现的"告"字，标志着古代广告传播时期的到来，同时，商周青铜器上的铭文也是中国商标进程中的一个关键发展点。战国时期，齐国的陶文署名具有了广告的倾向，所传达的信息折射着古人的品牌意识。

  叫卖吆喝早在周代就是一种广告行为了，姜太公在不得意时"鼓刀扬声"就是卖肉的喊声。唐代"卖饧之人，吹箫以自表"，已逐渐成为一种时尚的广告形式。到后来，北宋国都开封"卖花者以马头竹篮铺排，歌叫之声，清奇可听"，我们不能不说是一种艺术享受了。这里既有历史文化的记忆，同时也深刻反映了古代商业文明的进步。

  古代商人做广告识大体，往往把行业信誉看得比自家店铺的信誉更重要。茶店在门外高挂幌牌，上面写个"茶"字；酒家在门外的幌旗上写"酒"字，这也就是他们的广告了。随着时代的变迁和生活的发展，商人开始了竞争，这时候光是简单的几个字已不足以在竞争中取胜，于是渐渐就有了个性化的广告。商业广告在进入成熟期之后，才形成光怪陆离的民俗与文化。

  印刷术发明之后，聪明的商家很快将这项新技术应用于广告文字和图形的宣传上，从此，平面广告大量出现，传播范围也迅速扩大。古代平面广告多由木版印刷，19世纪石版印刷和照相制版术传入中国并得到普及后，商家的门票、包装纸、宣传画等竞相采用，后来，形象悦目的彩色石技术，推动了中国广告走向近现代的步伐，以月份牌广告画为代表，中国广告进入了一个以图像为主的新阶段。

商业广告长期以来被视为亚文化，但它是一门大学问，研究时代潮流的当代广告固然重要，但我个人认为广泛研究和搜集老广告，对于推进广告事业的发展也是不可缺少的、独特的手段。特别是晚清以来的广告作品更是绚丽多姿，它从多侧面、多角度折射出当时的文脉与经济习俗。

历史需要挖掘与研究，我不满足于本就相对匮乏的文字资料，近三十年前竟不知深浅地开始了老广告的收藏。我需要第一手的"鲜活"。最初，收藏市场上"老广告"的概念很淡、很冷，难得一见，偶尔淘得的也是好心人为我定向留下的。我不死心，于是托亲戚朋友代为留意，并在收藏杂志和民间藏刊上向全国发广告征求。我也没少逛旧物市场，本人收藏的第一件老广告就是旧衣柜上破碎的穿衣镜背面的衬纸，这张故纸让我激动得多半宿没睡着。

收藏有时需要灵感和缘分。2003年夏天，在天津老城里危改工地的废土堆上，一个敞着盖的旧皮箱不经意间让我眼前一亮，箱盖内粘贴的一张老字号的广告依旧是那么艳丽，我特别拍摄下了现场的情景后，为保持广告的完整，索性拖着破皮箱一路大汗淋漓地回家了。有一次，我获知了老广告的线索，像个"虫子"似的当晚就跑到郊区去求购，虽然是赝品，但我还是和人家交上了朋友。收入有限的我经常发给各地藏友的征求短信上，总是以

"研究之用，切勿高价"为前提，但在时下的社会环境中，这句话所起到的作用是微乎其微的。本书中的那幅清代道光年间的广告是我花了近两个月的心思和一位四川朋友磨来的。

一段段旧闻或一张张故纸常让我如醉如痴。老广告透射出的沧桑与精粹一次又一次触碰着我的心弦。年轻人怀旧，不，按朋友的话说叫"早衰"，有时又让我魂不守舍一般。

天长日久，随着藏品的不断丰富，我感觉到，这些故纸需要以不断发现的文化底蕴为依托，如若不然，再漂亮的画面也会黯淡失色，我必须沉下心来研究民俗与老广告。传统广告文化的内涵多元而丰富，哪怕是一两个字眼的吆喝或标识，要解读清其中的来龙去脉也非易事。夜晚读书、爬格子畅游时空的快乐与感怀；思路困阻与肩背酸痛的苦楚，一时又难以道来。多年来，对于老广告收藏与研究纯属业余民间操作的我来说，遇到过多少困难、多少酸涩连我自己也记不得了。在此，我依旧要重复：塞翁失马，焉知非福。对于我被社会所承认的那一点点业绩，我想或许是读史与收藏相互推动的辛劳所获吧。

说到这，一定有读者会问，研究和收藏传统广告有什么现实意义吗？

广告的出现对于我们来说确实很古老；也可以说，人类社会自从有了商品交换的那一天起，广告就出现了，并且渐渐形成了市井中的民俗。

有历史学家认为，一切民族和地区的文化毫无例外都是穿越时空的长河，也都有一个积累过程，而且无时无刻不在积累之中。这种积累可以简单地分成两个部分，一部分是传统文化的保留，一部分是现代文化的递增。传统文化的保留是文化积累的基础，舍此，文化便会出现断层。

中国当代广告从1979年开始恢复，我们几十年的广告历程基本上是在学习和借鉴，甚至说很大程度上是在模仿，模仿欧美，效法日本，我们见到和复制了太多的"洋气"，甚至让人有些厌倦与窒息。当然，展现当代的理念是非常重要的，躬身西技并不完全是坏事，但我们应清醒地看到，新时代的中国广告业必将彻底开放，面对国外广告业的涌入，中国广告人应如何应对，怎样赢得优势竞争力呢？

我国古代几千年的社会与广告文化理应是一个有待挖掘的空间，一片无比深厚的沃土。常言道，越是民族的才越是世界的，我们要寻根念祖，尤其需要从几千年的传统文化中去汲取营养。

中国虽然是典型的传统农耕社会，但不仅仅是唐宋两朝、康乾盛世，历史上许多城镇的繁华，商业的发达，恐怕世界上没有哪个国家有资格与我们相提并论。传统商业文明的丰富多彩，又使得与之相关的民俗、广告万象森罗。广告是一种多元的复合的文化，包容性很强，我国古代广告历史有很多优秀的、厚重的内涵在里面，这无疑是一种丰富的营养。前些年有一家新上市啤酒公司聪明地选择了老上海月份牌上的风韵女子形象做广告，一下子吸引了无数消费者的眼球，从而一炮走红。

广告在一定程度上会起到帮助消费者寻找商品信息和决定购买的作用，也会影响和引导消费的态度、思绪与购买行为。中国广告悠久的历史中有许多内容值得参考，可以通过类型比较的办法，有选择地古为今用，从而开启作为商品记忆的传统广告在时间上和空间上的延续价值。

中国商业文化的特色鲜明，以人为本、以和为贵、以义取利，这对于现代生活来讲，对于当代广告的创作来讲也是重要的。文化本身就有渊源与传承的关系，光怪陆离的现代生活和当代广告是文化的一个发展阶段，一种形式，它不是突然降临的，只是历史长河绵延的一部分，薪火相传，不断发展。今天是不能脱离历史和文化根底的，现在高等教育的传播学、广告学专业非常重视中国广告史的课程，也说明了这一点。

笔者水平有限，无力也无意编写一本教科书式的读物。对大多数读者朋友而言，重在雅俗共赏，拙文和美图如果能让您作为一份消遣，如果这些尘封的记忆可带来几许感怀和意趣，那将是笔者很高兴的事。在全球市场经济大潮下，传统文化也许是我们最靠近自己内心的家园。

许多东西只要泛黄了也就温暖了，就像广告作品一样，风景看到最后，常常被人们用镜框装裱起来。对我来说，传统广告文化被一颗年轻的心牵挂着，使我思考，给我充实，让我快乐。

由国庆

2023 年 3 月 30 日